AUS LIEBE ZUM LANDLEBEN

Backen
wie auf dem Land

AUS LIEBE ZUM LANDLEBEN

Backen wie auf dem Land

von

Maria Pilch

Dort-Hagenhausen-Verlag

Inhalt

Vorwort

Als im letzten Jahr ganz unverhofft die Anfrage vom Verlag kam, ob ich dran interessiert sei, meine Rezepte in einem Backbuch festzuhalten, war ich zuerst nicht sicher, ob ich es wagen sollte. Aber im Nachhinein bin ich sehr froh. Danke dafür, Herr Dort, das Schreiben hat mir sehr viel Spaß gemacht!

Ihnen, liebe Leserinnen und Leser, möchte ich mit meinen Rezepten zeigen, dass es nicht meterlange Zutatenlisten und vor allem nicht Waren aus der ganzen Welt braucht, um einen leckeren Kuchen zu backen. Mir ist es wichtig, gute Rohstoffe aus der Region, wie Äpfel vom Bauern oder aus einem Bioladen vor Ort, zu verwenden. Lassen auch Sie sich von dem zum Backen inspirieren, was um Sie herum an Früchten und Beeren wächst. Manche Rezepte werden Ihnen möglicherweise lang und aufwendig erscheinen, aber ich versichere Ihnen: Die Mühe und Liebe, die Sie in einen Kuchen oder ein Gebäck stecken, schmeckt man später auch. Sie entdecken in meinem Buch sicher altbekannte Rezepturen, aber auch viele neue Ideen und Variationen, brauchbare Tipps und vielleicht die eine oder andere Geschichte zum Schmunzeln. Ich hoffe, Sie finden Spaß daran und die gleiche Freude, die es mir bereitet hat, es zu schreiben.

Meine Grundrezepte

Was mir beim Backen am Herzen liegt

In diesem Kapitel geht es um Grundrezepte – zuvor daher noch ein paar grundsätzliche Worte zu meinen Rezepten. Sie sind alle ausführlich beschrieben, aber gewisse Grundkenntnisse werden vorausgesetzt. Bei vielen Rezepten habe ich auch die Angaben „Mehl für die Arbeitsfläche", „eine Gabel zum Einstechen" von Mürbteig und noch einige grundsätzliche Sachen weggelassen, die für den Hobbybäcker selbstverständlich sind.

Bevor man mit dem Backen beginnt, sollten alle Werkzeuge, Formen und Zutaten bereitgestellt sein. Gerade bei Sandmassen ist es von Vorteil, die Zutaten schon einige Zeit vorher herauszustellen und nicht zu kalt zu verarbeiten. Die gleiche Temperatur der Zutaten, vor allem bei Fett und Eiern, verbessert deren Bindigkeit, die Teigmasse wird homogener.

Kuchenformen

Die Rezepte sind, wenn nicht anders angegeben, für eine Springform oder einen Tortenring mit 26 cm Durchmesser ausgelegt. Bei den Blechkuchen gelten die Rezepte für die Blechgröße der Standardöfen in unseren „normalen“ Küchen, d.h. also ca. 33 x 40 cm – ein paar Zentimeter hin oder her spielen bei den Blechen keine große Rolle.

Backtemperatur

Bei Hefeblechkuchen schadet es nicht, nach Ablauf der angegebenen Backzeit mit einem Messer oder einer Kuchenschaufel den Boden etwas anzuheben und zu kontrollieren, ob dieser auch durchgebacken ist. Gerade bei Kuchen mit sehr saftigen Belägen ist das wichtig.

Das Backen ist der wichtigste Vorgang, um ein schönes Gebäck zu bekommen. Die folgenden Rezepte wurden allesamt, falls nicht anders angegeben, bei Heißluft (Umluft) im vorgeheizten Backofen gebacken. Bitte betrachten Sie die Temperatur- und Zeitangaben als Grundvorgabe bzw. Orientierung – jeder Ofen ist anders. Beachten Sie zusätzlich die Eigenheiten Ihres Ofens und kontrollieren Sie regelmäßig, was in Ihrem Ofen passiert, am besten schon nach der Hälfte der Zeit. So können Sie schnell reagieren und die Temperatur zurücknehmen, das Blech drehen oder den Kuchen eine Schiene nach unten setzen. Bei Mürbteiggebäck oder auch beim Abflämmen lieber in der Nähe bleiben und öfter nachschauen, ob die gewünschte Bräune schon erreicht ist. Auch kann eine kleine Randnotiz im Backbuch bezüglich der Backzeit und -temperatur für das nächste Mal sehr hilfreich sein.

Hier noch einige Tipps, wie Sie feststellen können, ob das Backgut fertig ist.

- Bei Mürbteigböden oder ausgestochenem Gebäck reicht es „nach Sicht“ zu backen. Hat das Gebäck die gewünschte Bräune erreicht, sogleich aus dem Ofen nehmen.
- Bei Sandmasse kann man ein Holzstäbchen bis knapp zur Gebäckmitte einstechen, bleibt keine klebrige Masse hängen und das Stäbchen sauber, ist der Kuchen fertig.
- Drückt man mit der Handfläche leicht auf die Oberfläche des Gebäcks und federt diese zurück, ohne dass eine Delle zurückbleibt, kann man z. B. den Biskuitboden aus dem Ofen nehmen.

Backen für Kinder

Immer wieder gibt es Feierlichkeiten oder Einladungen, bei denen die Kinder mit von der Partie sind. Es versteht sich hier von selbst, dass die Kinder Kuchen ohne Alkohol bekommen. Ich selbst achte sehr darauf und es ist eigentlich kein Problem, auf das „Schnäpschen" zu verzichten.

Gerade bei Torten mit Früchten und Joghurtfülle lässt sich der Rum zum Tränken der Biskuitböden gut durch Säfte wie z. B. Orangensaft ersetzen. Haben Sie nichts Passendes, können Sie auch 1 EL Konfitüre mit etwas Läuterzucker und Wasser flüssig rühren und damit den Boden bepinseln.

Ebenso lässt man den Rum in der Sandmasse weg und ersetzt ihn durch Milch. Allerdings gibt es einige Torten, z. B. Eierlikörsahne oder Schwarzwälder Kirsch, da geht es ohne „Schnäpschen" schwer. Für Kinder, die gerne Torten essen, kann ich als alkoholfreie Varianten daher Käsesahne, Zitronentorte oder Erdbeer-Johghurt-Torte empfehlen.

Mürbteig (1-2-3-Teig)

200 g kalte Butter
100 g Zucker
1 Prise Salz
1 Eigelb
300 g Mehl

Zuerst die Butter, den Zucker und das Salz mit den Händen in einer großen Schüssel verkneten und glatt arbeiten. Das Eigelb und das Mehl dazugeben und alles rasch zusammenwirken. In Folie wickeln und mindestens 30 Min. kühl stellen.

Bei einem Mürbteig verknete ich zuerst immer nur Butter mit Zucker und Salz, dadurch entstehen nicht so leicht Butterklumpen im Teig.

Nussmürbteig

75 g Haselnüsse
150 g kalte Butter
110 g Zucker
1 Prise Salz
1 Eigelb
200 g Mehl

Haselnüsse mahlen und im Ofen leicht anrösten, abkühlen lassen. Butter, Zucker und Salz in einer großen Schüssel verkneten und glatt arbeiten.
Eigelb, geröstete Nüsse und Mehl dazugeben und alles rasch zu einem geschmeidigen Teig zusammenwirken. In Folie wickeln und mindestens 30 Min. kühl stellen.

Für eine Linzer Torte gebe ich zum Nussmürbteig noch 1/2 TL Zimt und 1 Prise Nelken. Klassisch wird die Linzer Torte dann mit Himbeerkonfitüre bestrichen und mit einem Teiggitter belegt.

Feiner Hefeteig (Foto)

Für 1 Blech
200 ml lauwarme Milch
30 g frische Hefe
400 g Mehl
80 g Zucker
1 Ei, 2 Eigelbe
1 Msp. Salz
80 g weiche Butter
Zitronenabrieb

Aus etwa einem Drittel der Milch, der Hefe und etwas Mehl ein Dampferl herstellen. Mit einem Tuch abdecken und an einem warmen Ort etwa 15 Min. reifen lassen.
Das Dampferl mit der restlichen Flüssigkeit und dem übrigen Mehl, Zucker, Ei und Eigelben, Salz, Butter und Zitronenschale mischen.
Den Teig mit den Händen oder den Knethaken des Rührgeräts glatt arbeiten und so lange kneten, bis er sich von der Schüsselwand löst und nicht mehr klebrig ist. Falls der Teig zu weich ist, noch etwas Mehl dazugeben. Vor dem Verarbeiten nochmals zugedeckt etwa 20 Min. gehen lassen.

Quark-Öl-Teig

200 g Quark
100 g Zucker
7 EL neutrales Öl
1 Ei
1 Prise Salz
Zitronenabrieb nach Geschmack
400 g Mehl
1 Päck. Backpulver

In einer Schüssel Quark, Zucker, Öl, Ei, Salz und Zitronenabrieb mit einem Kochlöffel verrühren. Die Hälfte des Mehls ebenfalls unterrühren.
Die zweite Hälfte des Mehls mit dem Backpulver vermischt dazugeben und mit den Händen oder den Knethaken des Rührgeräts darunter kneten. Vor dem Verarbeiten den Teig in Folie gewickelt 30 Min. kühl stellen.

Quark-Öl-Teig eignet sich gut für Kleingebäck und Blechkuchen. Er schmeckt frisch am besten.

Blätterteig

Für den Grundteig
500 g Mehl
30 g Butter
2 gestr. TL Salz
1 geh. TL Zucker
1 TL neutraler Essig

Für den Butterziegel
400 g Butter
4 EL Mehl

Für den Grundteig das Mehl mit 200 ml Wasser, Butter, Salz, Zucker und Essig in einer Schüssel mischen und mit den Knethaken des Rührgeräts zu einem glatten, elastischen Teig verkneten. Den Teig zu einer Kugel formen, mit einem Messer kreuzförmig einschneiden und zugedeckt etwa 20 Min. ruhen lassen.
In der Zwischenzeit für den Butterziegel Butter und Mehl verkneten, glatt arbeiten, rechteckig zu einer Art Ziegelstein ausrollen und kühl stellen.
Den Grundteig zu einem Viereck drücken und rechteckig ausrollen, quer auf die Arbeitsfläche legen. Den Butterziegel hochkant in die Mitte des Grundteigs legen. Den Teig von beiden Seiten über den Butterziegel einschlagen und gut andrücken. Das entstandene Rechteck in die Länge rollen – entlang der Naht, sodass die offenen Seiten nach oben und unten zeigen und auseinander gerollt werden, dann um 90 Grad drehen.
Für eine einfache Tour jetzt beide Seiten einschlagen, sodass drei gleich große Lagen Teig übereinander liegen. Damit sich der Teig entspannen kann, sollte er zwischen den Touren immer etwa 20 Min. gekühlt werden. Das neu entstandene Rechteck in die Breite rollen, also die offenen Teigseiten auseinander rollen.
Für die doppelte Tour das Rechteck ebenfalls in die Breite rollen, nun allerdings etwas länger, da der Teig „geviertelt" wird. Teigplatte um 90 Grad drehen und jetzt – anders als bei der einfachen Tour – beide Seiten bis zur Mitte hin einschlagen. Anschließend klappt man den Teig wie ein Buch zusammen und lässt ihn wieder ruhen.
Nochmals eine einfache und doppelte Tour wiederholen und den fertigen Blätterteig vor dem Verarbeiten noch etwa 20 Min. ruhen lassen.

Für meine Backwaren verwende ich ausschließlich Butter. Sie zu verarbeiten, ist nicht immer ganz leicht, doch wird man dafür mit einem vortrefflichen Geschmack belohnt. Butter besteht zu mindestens 82 Prozent aus Milchfett und höchstens 16 Prozent aus Wasser. Das enthaltene Milchfett ist leicht verdaulich und enthält spezielle Fettsäuren, die auf den Körper eine positive Wirkung ausüben und zudem antikarzinogen, d. h. krebshemmend, wirken sollen. Das nur am Rande, um dem hohen Kaloriengehalt von etwa 740 kcal/100 g etwas entgegen zu setzen!

Blitzblätterteig

350 g Mehl
350 g kalte Butter in Würfeln
1 Prise Salz

In das gesiebte Mehl eine Mulde drücken, die gewürfelte Butter rundherum verteilen. 180 ml kaltes Wasser mit dem Salz in die Mitte gießen und mit den Händen einen Teig herstellen. Wichtig dabei ist, dass nur gedrückt und nicht geknetet wird und die Butterwürfel so im schwach gebundenen Teig erhalten bleiben. Anschließend fünf einfache Touren hintereinander geben (s. links) und den fertigen Teig vor dem Weiterverarbeiten etwa 10 Min. ruhen lassen. Den Teig vor dem Backen noch entspannen lassen.

Blätterteig lässt sich gut einfrieren. Reste von Blätterteig können Sie vorsichtig übereinander legen und wieder ausrollen, jedoch nie verkneten, sonst „blättert" der Teig beim Backen nicht mehr.

Strudelteig

Für 2 Strudel
350 g Mehl
3 EL neutrales Öl
1/2 TL Salz
1 Ei

Alle Zutaten mit 175 ml Wasser in einer Schüssel mischen und mit den Knethaken des Rührgeräts gut durcharbeiten. Einen glatten, geschmeidigen Teig herstellen und entspannen lassen, d. h. gut in Folie verpacken oder mit Öl bepinseln und 15–20 Min. unter einen warmen Topf legen.
Zum Ausrollen den Teig halbieren, jeweils eine Hälfte zuerst mit den Fingern flach drücken, dann über Handrücken und Unterarm auf etwa DIN A4-Größe ziehen. Den Teig auf ein großes, leicht bemehltes Küchentuch legen und vorsichtig weiter auseinanderziehen, bis der Teig hauchdünn das gesamte Tuch bedeckt. Mit der zweiten Hälfte ebenso verfahren.

Strudelteig lässt sich gut einfrieren. Zum Verarbeiten einen Tag vorher in den Kühlschrank legen und auftauen lassen.

Brandmasse

125 ml Milch
100 g Butter
1 Prise Salz
250 g Mehl
5–6 Eier

Milch, Butter, Salz und 125 ml Wasser in einen Topf geben und aufkochen. Den Topf vom Herd nehmen und sofort das gesiebte Mehl auf einmal dazugeben. Den Topf wieder auf die Platte stellen und mit einem Kochlöffel kräftig durchrühren, bis sich die Masse vom Topf löst, einen Kloß bildet und weißer Belag den Topfboden überzieht.

Den heißen Kloß in eine Rührschüssel geben, leicht abkühlen lassen und die Eier mit dem Rührgerät einzeln nach und nach gut unterrühren. Je nach Festigkeit ein Ei weglassen oder dazugeben. Die Masse sollte schwer reißend vom Löffel fallen.

Die Brandmasse zu Windbeuteln oder Eclairs spritzen und in den auf 200 °C vorgeheizten Backofen schieben, 15–20 Min. backen. Um ein optimales Backergebnis zu erzielen, zu Beginn sofort eine Tasse Wasser in den Ofen gießen und die Ofentür während der ersten zwei Drittel der Backzeit nicht öffnen!

Sandmasse

Für 1 Guglhupf-Form
250 g weiche Butter + Butter für die Form
250 g Zucker, 1 Prise Salz
Zitronenabrieb nach Geschmack
5 Eier
150 g Mehl + Mehl für die Form
150 g Stärke
1/2 gestr. TL Backpulver
4 EL Rum

Alle Zutaten früh genug bereitstellen, sodass sie zur Verarbeitung etwa Zimmertemperatur haben.
Weiche Butter, Zucker, Salz und Zitronenabrieb schaumig schlagen. Die Eier nach und nach einzeln unterrühren. Das Mehl mit der Stärke sieben und mit dem Backpulver unterheben. Zum Schluss den Rum dazugeben und verrühren.
Den Teig in eine gefettete und gestaubte Kuchenform geben und im auf 175 °C vorgeheizten Backofen 35–45 Min. backen.

Für einen Apfel-Sand-Kuchen (siehe Foto) die Sandmasse auf eine gefettete, gestaubte Fettpfanne streichen und mit ca. 6–8 geschälten, entkernten, geviertelten Äpfeln belegen, die Viertel feinblättrig einschneiden. Mit Zimtzucker bestreuen und 25–35 Min. bei 175 °C backen.

Wiener Masse

Für 1 Springform
5 Eier
140 g Zucker, 1 Prise Salz
75 g Mehl + Mehl für die Form
75 g Stärke
50 g zerlassene Butter + Butter für die Form

Die Eier mit Zucker und Salz in eine Rührschüssel geben und im heißen Wasserbad warm schlagen. Herausnehmen und weiter schlagen, bis die Masse wieder etwas abgekühlt ist.
Mehl und Stärke sieben und unterheben, zum Schluss die noch fast heiße Butter einrühren. Den Teig in eine gefettete und gestaubte Springform füllen und im auf 170 °C vorgeheizten Ofen 30–35 Min. backen.

Schaummasse für Eisgebäck oder Tortenböden

200 g Eiklar (ca. 7 Eiklar)
250 g Zucker
250 g Puderzucker
1/2 TL Vanillezucker
1 Prise Salz

Das Eiklar mit dem Zucker zu Schnee schlagen, anschließend den Puderzucker und die Gewürze einrühren.
Böden oder kleine Gebäckstücke, z. B. Baiserschalen, aufspritzen und bei 2 Std. ca. 100 °C im vorgeheizten Backofen backen. Im abgeschalteten Ofen über Nacht trocknen lassen. Während des gesamten Back- und Trockenvorgangs die Ofentür mit einem Kochlöffel einen Spalt breit geöffnet halten.

Biskuitmasse

Für 1 Springform
5 Eier
140 g Zucker
1 Prise Salz
75 g Mehl + Mehl für die Form
75 g Stärke
Butter für die Form

Die Eier trennen. Das Eiklar zusammen mit gut der Hälfte des Zuckers und dem Salz in eine Rührschüssel geben und zu einem schmierigen Schnee schlagen.
Die Eigelbe mit dem restlichen Zucker schaumig schlagen. Die Eigelbmasse unter den Eischnee heben, Mehl und Stärke gemischt darüber sieben und ebenfalls unterheben.
Die Masse in eine gefettete und gestaubte Springform geben und im auf 170 °C vorgeheizten Ofen 30–35 Min. backen.

Variante Schokoladenbiskuit: Für einen Schokoladenbiskuit ersetze ich die Angaben für Mehl und Stärke wie folgt: 65 g Mehl, 65 g Stärke und 4 EL Kakaopulver.

Variante Nussbiskuit: Für einen Nussbiskuit ersetze ich die Mengen für Mehl und Stärke wie folgt: 100 g Mehl und 50 g fein gemahlene, leicht geröstete Haselnüsse; zusätzlich 1 Prise Zimt dazugeben.

Buttercreme

140 g Zucker
4 EL Stärke
3 Eigelbe
500 ml Milch
etwas Puderzucker zum Besieben
350 g weiche Butter

Zucker, Stärke und Eigelbe mit etwa einem Viertel der Milch (125 ml) anrühren. Die restliche Milch aufkochen. Unter ständigem Rühren die angerührte Stärke in die aufkochende Milch gießen und alles einmal aufwallen lassen.
Den Pudding in eine Schüssel gießen und mit Puderzucker besieben, damit sich keine Haut bildet. Abkühlen lassen, der Pudding sollte die gleiche Temperatur wie die Butter haben, damit die Creme bei der Herstellung nicht gerinnt.
Sollte sich auf dem Pudding eine Haut gebildet haben, diese unbedingt entfernen. Den Pudding durch ein Sieb streichen. Die Butter schaumig rühren und den Pudding nach und nach löffelweise unterrühren.

Läuterzucker

200 g Zucker

Zucker mit 200 ml Wasser in einen Topf geben und ca. 1 Minute aufkochen lassen.

Läuterzucker brauche ich zum Tränken von Gebäck, zum Pochieren von Obst oder für Glasuren.

Canache

150 g bittere Kuvertüre
100 g Nougat
100 g Sahne

Kuvertüre klein hacken, Nougat in kleine Würfel schneiden und beides in eine Schüssel geben.
Die Sahne aufkochen und darüber gießen. Mit einem Spatel verrühren und dann mit dem Stabmixer homogenisieren.

Die Canache verwende ich für Torten und gerne zum Überziehen von Kuchen, z. B. für einen Guglhupf oder eine Donauwelle.

Kuvertüre temperieren

Ich temperiere Kuvertüre immer in der Mikrowelle, allerdings bei niedriger Wattzahl (ca. 600 W) und lieber in mehreren kleinen Etappen. Dazwischen immer wieder umrühren und aufpassen, dass die Kuvertüre nicht wärmer als 45 °C wird, sonst verbrennt sie – das kann in der Mikrowelle sehr schnell gehen.

Kuvertüre fein hacken. Die Hälfte davon in eine Schüssel geben und im Wasserbad schmelzen, darauf achten, dass sie nicht über 45 °C erhitzt wird (Thermometer verwenden!). Die restliche Kuvertüre dazugeben und so lange mit einem Spatel rühren, bis sich alle Stücke aufgelöst haben und die Kuvertüre etwas eindickt. Wieder kurz ins Wasserbad stellen und langsam auf 32 °C erwärmen.

Bei Vollmilchkuvertüre reicht es, sie auf 31 °C zu erwärmen, weiße Schokolade wird auf 30 °C erwärmt. Vor dem Verarbeiten am besten eine Probe machen, dafür einen Esslöffel eintauchen, abtropfen lassen und zur Seite legen, nach 2–3 Min. sollte die Kuvertüre fest sein und einen schönen, matten Glanz haben. Während des Verarbeitens ab und zu umrühren und auf die Temperatur achten, die Kuvertüre bei Bedarf wieder anwärmen.

Kuchen aus dem Garten

Was im Garten blüht und wächst …

Wenn die grün-roten Rhabarberblätter spitzen, weiß ich, dass die Gartensaison begonnen hat. Ich freue mich dann besonders auf den ersten Obstkuchen mit Rhabarberstücken, die ich entweder in Rührteig versinken lasse oder mit kräftigem Rahmguss versüße. Auf den Rhabarber folgen die Erdbeeren, die nicht nur gut schmecken, sondern sich ganz nebenbei dank ihrer Nährstoffe positiv auf unsere Gesundheit auswirken. Leider wird bei den empfindlichen Früchten nicht an Pflanzenschutzmitteln gespart und selbst kurz vor der Ernte noch gespritzt – darum verwende ich lieber Biofrüchte. Mit den Zwetschgen hat das Gartenjahr seinen zweiten Höhepunkt erreicht … und mein Backservice Hochsaison. Zufriedene Zwetschgendatschi-Liebhaber entschädigen aber so manche kurze Nacht, wenn der Tag bei mir schon um drei Uhr morgens beginnt. Im August beginnt die Apfelzeit mit den kleinen Klaräpfeln. Aus dem schneeweißen Fruchtfleisch lässt sich wunderbar sämiges Kompott kochen. Für Apfelstrudel nehme ich am liebsten säurereiche Äpfel, wie Boskop oder Kaiser Wilhelm. Ihre gute Lagerfähigkeit verlängert meine Gartensaison noch bis weit in den Winter hinein.

Straubinger Josefi-Apfelkuchen

Für den Mürbteig
500 g Mehl
1 Päck. Backpulver
150 g kalte Butter + Butter für die Form
100 g Zucker
1 Prise Zimt
1 Prise Salz
3 Eier
6 EL Milch
3 EL Rum
etwas zerlassene Butter

Für die Fülle
4–5 Äpfel
150 g gemahlene Haselnüsse
60 g Honig
3 EL Zucker
5 EL Milch
80 g Rosinen
Zitronenabrieb und Zimt nach Geschmack

Für den Teig Mehl mit Backpulver auf eine Platte oder in eine große Schüssel sieben und in die Mitte eine Mulde drücken. Butter grob in Stücke hacken und auf dem Mehlrand verteilen. Zucker und Gewürze darüber verteilen, Eier, Milch und Rum in die Mitte geben. Alles zu einem geschmeidigen Teig verarbeiten. Den Teig in Folie wickeln und etwa 30 Min. kalt stellen.
Den Teig in vier gleich große Stücke teilen und jedes Stück mit dem Rollholz dünn ausrollen, entsprechend der Größe der Springform.
Für die Fülle die Äpfel schälen, entkernen und grob raspeln. Alle anderen Zutaten dazugeben und gut mit den Äpfeln vermischen, Rosinen, nach Geschmack fein geraspelte Zitronenschale und Zimt beimengen.
Den Backofen auf 175 °C vorheizen. Den ersten ausgerollten Teigboden in eine gefettete Springform legen, mit wenig flüssiger Butter bestreichen und etwa ein Drittel der Apfelfülle darauf verteilen. Den nächsten Teigboden darauf legen und weiter verfahren wie beim ersten Boden, bis alle Böden und die Fülle aufgebraucht sind.
Zuletzt den obersten Boden mit Butter bestreichen und den Kuchen im vorgeheizten Ofen 40–45 Min. backen. Lässt man den fertigen Kuchen bis zum nächsten Tag ziehen, schmeckt er noch besser!

Josefi wird bei uns immer am 19. März gefeiert, dem Namenstag von Josef von Nazareth. Das Rezept ist eine Abwechslung unter den üblichen Apfelkuchensorten, ich habe es angelehnt an ein Rezept aus dem Jahr 1835, das aus dem schönen Kochbuch „Das altbayrische Küchenjahr“ von Erna Horn stammt.

Apfelkuchen mit Dinkelmehl

3 Äpfel
1 mittelgroße Karotte
100 g bittere Kuvertüre
6 Eier
180 g Zucker
1 Prise Salz
125 ml neutrales Öl
200 g feines Dinkelvollkornmehl
90 g gemahlener Mohn
90 g gemahlene Haselnüsse
1 gestr. TL Backpulver
4 EL Rum
1 Prise Zimt
Fett und Mehl für die Form

Äpfel und Karotte schälen und fein raspeln. Die Schokolade im Wasserbad auflösen. Für den Teig die Eier trennen und das Eiklar mit der Hälfte des Zuckers und Salz schaumig schlagen.
Den Backofen auf 175 °C vorheizen. Eigelb und restlichen Zucker ebenfalls schaumig rühren. Flüssige Schokolade und Öl vorsichtig in die Eigelbmasse einlaufen lassen und gut unterrühren. Das gesiebte Mehl mit Mohn, Nüssen und Backpulver mit einem Teigschaber oder Kochlöffel unterheben, den Rum dazugeben. Dann den Eischnee und zuletzt die Karotten- und Apfelraspel mit Zimt vorsichtig unterheben. Die Masse in eine gefettete und mit Mehl bestäubte Kastenform füllen und im vorgeheizten Ofen 40–50 Min. backen. Der Kuchen ist fertig, wenn man mit den Fingern leicht auf die Oberfläche drücken kann und die Kruste zurückfedert. Bleibt eine Delle zurück, muss der Kuchen noch etwas gebacken werden.

Wenn Sie keinen Mohn zu Hause haben, können Sie ihn ohne Probleme durch weitere 90 g Haselnüsse ersetzen.

Florentiner Apfelkuchen (Foto vorne)

1 Rezept Mürbteig siehe unten

Für die Fülle
6–7 Äpfel
2 EL + 100 g Zucker
3 EL Zitronensaft
2 EL Aprikosenkonfitüre
75 g Butter, 1 EL Honig
4 EL Sahne
150 g gehobelte Mandeln
1 Prise Zimt

Nach dem Grundrezept aus den Zutaten einen Mürbteig (s. S. 16) herstellen.
Für die Fülle die Äpfel schälen, entkernen, vierteln und mit 2 EL Zucker und Zitronensaft halbweich dünsten. Den Mürbteig ausrollen und eine gefettete Springform damit auskleiden, einen Rand von etwa 2 cm Höhe hochziehen. Den Boden mit Aprikosenkonfitüre bestreichen und mit den Äpfeln dicht belegen.
Den Backofen auf 175 °C vorheizen. Butter, 100 g Zucker, Honig und Sahne in einem Topf vorsichtig köcheln lassen, bis die Masse etwas eindickt. Mandeln und Zimt unterrühren und die Masse mit einem Esslöffel auf den Äpfeln gleichmäßig verteilen. Den Kuchen im vorgeheizten Ofen 30–40 Min. backen.

Apfel-Rahm-Kuchen

Für den Mürbteig
125 g Butter + Butter für die Form
60 g Zucker
1 Prise Salz
1 Eigelb
250 g Mehl

Für die Fülle
5–6 Äpfel
Rosinen und Zimtzucker nach Geschmack
5 Eier
300 g Sahne
100 ml Milch
75 g Zucker

Nach dem Grundrezept aus den Zutaten einen Mürbteig (s. S. 16) herstellen. Den Teig ausrollen und eine gefettete Springform damit auskleiden. Der Rand sollte etwa eine Höhe von 2 cm haben und rundherum dicht sein, damit der Guss beim Backen nicht auslaufen kann.
Den Backofen auf 200 °C vorheizen. Für die Fülle die Äpfel schälen, entkernen und vierteln. Damit sie gut durchbacken, die Apfelviertel mit dem Messer an der Außenseite feinblättrig einschneiden und den Mürbteig damit kreisförmig belegen. Je nach Geschmack noch Rosinen oder Zimtzucker darüber geben. Den Kuchen in den vorgeheizten Ofen schieben und 20 Min. backen.
In der Zwischenzeit die Eier verschlagen. Sahne, Milch und Zucker einmal aufkochen, vom Herd nehmen und nach und nach unter ständigem Rühren zu den Eiern gießen.
Nach 20 Min. Backzeit den Kuchen aus dem Ofen holen und den Guss vorsichtig über die Äpfel geben. Die Hitze auf 130 °C herunterschalten und den Kuchen nochmals 20–25 Min. backen, damit die Eiermasse stocken kann.

Quittentarte

Für den Blitzblätterteig
175 g Mehl
175 g kalte Butter in Würfeln
1 Prise Salz

Für die Fülle
6–7 Quitten
80 g + 2 EL Zucker
1/2 TL Zimt
50 g Butter
2 EL Aprikosenkonfitüre

Nach dem Grundrezept aus den Zutaten einen Blitzblätterteig (s. S. 19) herstellen. Dazu in das gesiebte Mehl eine Mulde drücken, die gewürfelte Butter rundherum verteilen. 180 ml kaltes Wasser mit dem Salz in die Mitte gießen und mit den Händen einen Teig herstellen. Wichtig dabei ist, dass nur gedrückt und nicht geknetet wird und die Butterwürfel so im schwach gebundenen Teig erhalten bleiben.
Anschließend fünf einfache Touren hintereinander geben (s. S. 18) und den fertigen Teig vor dem Weiterverarbeiten etwa 10 Min. ruhen lassen. Danach den Teig vor dem Backen nochmals entspannen lassen.
Die Quitten waschen, schälen und entkernen und in etwa 5 mm dicke Scheiben schneiden. Die Quittenscheiben mit etwas Wasser halbweich dünsten. Eine Tarteform (28 cm Ø) mit 80 g Zucker ausstreuen und die abgetropften Quittenscheiben fächerförmig hineinlegen. Den restlichen Zucker mit Zimt mischen und auf die Quitten streuen, die Butter in Flöckchen darüber geben.
Den Backofen auf 180 °C vorheizen. Den Blätterteig dünn ausrollen und auf die Quitten legen, dabei einen Rand von etwa 2 cm nach innen in die Form hineindrücken – so bekommt der Kuchen nach dem Stürzen einen Rand. Mit einer Gabel mehrmals einstechen und den Kuchen im vorgeheizten Ofen 35–45 Min. backen. Lauwarm auf eine Kuchenplatte stürzen und mit der mit 4 EL Wasser aufgekochten Aprikosenkonfitüre bestreichen bzw. aprikotieren.

So mache ich mir das Quittenschälen einfacher: Die Quitten auf ein Backblech stellen und bei 180 °C in den Backofen schieben. Es dauert einige Zeit, aber durch die Hitze löst sich die Schale und die Quitten werden mürb. Das kontrolliert man am besten mit einem Stäbchen. Immer wieder nachsehen und evtl. drehen, damit die Quitten nicht zu dunkel werden. Lässt man sie nach dem Backen kurz abkühlen, kann man ganz leicht die Schale abziehen. Übrigens lassen sich die Quitten so vorbereitet auch gut im Ganzen einfrieren.

Rhabarberkuchen mit Crème fraîche

1 kg Rhabarber, 250 g Zucker

Für den Mürbteig
100 g Butter + Butter für die Form
75 g Zucker, 1 Prise Salz, 1 Ei
2 EL Weißwein
250 g Mehl
1/2 gestr. TL Backpulver

Für den Guss
200 g Crème fraîche
2 Eier
50 g Zucker
80 g gemahlene Mandeln
1/2 TL Zimt

Rhabarber schälen und in 1–2 cm große Stücke schneiden, mit dem Zucker bestreuen und etwa 1 Std. ziehen lassen.
Nach dem Grundrezept aus den Zutaten einen Mürbteig (s. S. 16) herstellen.
Den Backofen auf 175 °C vorheizen. Den Teig ausrollen, in eine gefettete Springform geben und einen Rand von etwa 2–3 cm hochziehen. Den Saft von den Rhabarberstücken abgießen, den Rhabarber auf dem Teig verteilen und im vorgeheizten Ofen etwa 20 Min. backen.
In der Zwischenzeit alle Zutaten für den Guss verrühren. Nach gut 20 Min. den Kuchen aus dem Ofen holen, den Guss vorsichtig über den Rhabarber gießen und den Kuchen nochmals 20–30 Min. backen.

Bei dem Kuchen bleibt relativ viel Rhabarber-Zucker-Saft übrig, er lässt sich gut für Läuterzucker oder Kompotte verwenden.

Zwetschgen-Mandel-Kuchen

Für den Mürbteig
65 g Butter + Butter für die Form
2 EL Zucker, 1 Prise Salz, 1 Eigelb
125 g Mehl

Für die Fülle
600 g Zwetschgen
100 g weiche Butter
130 g Puderzucker, 1 Prise Salz
100 g Marzipanrohmasse, 4 Eier
100 g Mehl
1/2 gestr. TL Backpulver
100 g geschälte und gemahlene Mandeln
1 EL Zimtzucker
3 EL Aprikosenkonfitüre

Nach dem Grundrezept aus den Zutaten einen Mürbteig (s. S. 16) herstellen. Nur den Boden einer gefetteten Springform mit dem Teig auskleiden.
Für die Fülle die Zwetschgen waschen, entkernen und in Hälften schneiden. Die Butter mit Puderzucker und Salz schaumig schlagen. Das Marzipan in eine Rührschüssel geben, die Eier nach und nach dazugeben und mit den Händen weich kneten, dann mit dem Rührgerät vollends schaumig rühren. Erst die Marzipanmasse unter die Buttermasse, dann das gesiebte Mehl mit Backpulver und den Mandeln unterheben.
Den Backofen auf 170 °C vorheizen. Die Fülle auf den Mürbteig geben, mit den Zwetschgen belegen und mit Zimtzucker bestreuen. Den Kuchen im vorgeheizten Ofen 30–40 Min. backen. Die Aprikosenkonfitüre mit 3 EL Wasser aufkochen und den noch heißen Kuchen damit aprikotieren.

Schwäbischer Träubleskuchen

Für den Mürbteig
125 g Butter + Butter für die Form
60 g Zucker
1 Prise Salz
1 Eigelb
250 g Mehl

Für die Fülle
100 g Biskuitbrösel
6 Eiklar
200 g Zucker
150 g gemahlene Mandeln
500 g Johannisbeeren

Für den Mürbteig Butter, Zucker und Salz verkneten und glatt arbeiten. Eigelb und Mehl dazugeben und alles rasch zu einem glatten Teig zusammenwirken. In Folie wickeln und 30 Min. kühl stellen. Den Mürbteig ausrollen und damit eine gefettete Springform auskleiden, einen Rand von etwa 2 cm hochziehen.
Den Backofen auf 175 °C vorheizen. Die Biskuitbrösel auf dem Boden verteilen. Das Eiklar mit Zucker zu steifem Schnee schlagen, die Mandeln unterheben. Etwa ein Drittel des Eischnees in eine Schüssel geben und beiseite stellen. Unter die anderen zwei Drittel die geputzten Johannisbeeren heben, die Masse in die Springform füllen und verstreichen.
Den beiseite gestellten Eischnee auf die Johannisbeermasse geben und glatt streichen. Den Träubleskuchen im vorgeheizten Ofen 35–45 Min. backen und noch etwa 5 Min. im ausgeschalteten Ofen stehen lassen.

Wer keine Biskuitreste für Brösel hat, stellt stattdessen aus einigen Löffelbiskuits oder 3–4 Zwieback Brösel her.

Rhabarberkuchen mit Baiser

600 g Rhabarber, 2 EL Zimtzucker

Für die Sandmasse
125 g weiche Butter + Butter für die Form
125 g Zucker, 1 Prise Salz, 3 Eier
75 g Mehl, 75 g Stärke
1/2 gestr. TL Backpulver

Für die Baisermasse
100 g Eiklar (ca. 3 Eiklar)
100 g Zucker, 100 g Puderzucker
Zitronenabrieb

Den Rhabarber schälen und in 1–2 cm große Stücke schneiden. Backofen auf 175 °C vorheizen. Butter, Zucker und Salz schaumig rühren. Eier einzeln unterrühren. Zuletzt das gesiebte Mehl-Stärke-Gemisch mit dem Backpulver dazugeben. Die Masse in eine gefettete Springform füllen, den Rhabarber darauf verteilen und leicht mit Zimtzucker bestreuen. Den Kuchen 25–35 Min. backen. Aus dem Rohr nehmen, die Temperatur auf 230 °C erhöhen. Das Eiklar mit dem Zucker in einer Schüssel über einem heißen Wasserbad schaumig schlagen. Ist die Masse gut warm, herausnehmen und den Puderzucker mit Zitronenschale unterheben. Die Baisermasse auf dem Kuchen mit einem Löffel „wolkig“ verteilen. Den Kuchen zum Abflämmen nochmals kurz in den heißen Ofen stellen. Am besten den Kuchen dabei im Ofen beobachten, da es nur 2–4 Min. dauert, bis die Baisermasse leicht gebräunt fertig ist.

Rhabarberkuchen mit Mürbteig kann auch mit Baiser überzogen werden (s. Foto).

Erdbeer-Ricotta-Kuchen

ca. 500 g Erdbeeren

Für die Sandmasse
150 g Butter + Butter für die Form
150 g Zucker
3 Eier
90 g Mehl + Mehl für die Form
90 g Stärke
1 Msp. Backpulver
1 Prise Salz
2 EL Rum

Für die Creme
250 g Ricotta
2 EL Puderzucker
2 EL Zitronensaft
1 EL Cointreau
150 g Sahne
1 Päck. klarer Tortenguss
1 EL Zucker
125 ml Apfelsaft

Die Erdbeeren waschen, putzen und halbieren. Den Backofen auf 175 °C vorheizen.
Nach dem Grundrezept aus den Zutaten eine Sandmasse (s. S. 22) herstellen. In eine gefettete, gestaubte Springform füllen und 10–20 Min. backen. Den Boden abkühlen lassen, aus der Form nehmen und mit einem Tortenring umstellen.
Für die Creme Ricotta mit Puderzucker, Zitronensaft und Cointreau verrühren. Die Sahne steif schlagen und unterheben. Die Creme auf den abgekühlten Boden streichen, mit den halbierten Erdbeeren belegen und kühl stellen.
Den Tortenguss nach Packungsanweisung aus Zucker, Apfelsaft und 125 ml Wasser zubereiten und die Erdbeeren damit nicht zu heiß glasieren.

Variante
Erdbeertörtchen (Foto)

Wer die passenden Förmchen hat, spritzt die Sandmasse mit einem Spritzbeutel in die gefetteten und gestaubten Förmchen – nicht zu voll, sonst laufen sie beim Backen über!
Die Törtchen nur 5–10 Min. bei 175 °C backen. Nach dem Backen und Auskühlen in die Mitte einen schönen Tupfen Ricottacreme setzen. Die Erdbeerhälften um den Tupfen stellen. Mit Tortenguss glasieren.

Diesen Kuchenboden und die Törtchen belege ich immer mit den Beeren, die je nach Jahreszeit zur Verfügung stehen. Anstelle von Erdbeeren können Sie auch Himbeeren und/oder Blaubeeren verwenden.

Einfache Rhabarbertorte

Für den Biskuit
5 Eier
140 g Zucker
1 Prise Salz
75 g Mehl + Mehl für die Form
75 g Stärke
Butter für die Form

Für die Fülle
1 kg Rhabarber
200 g Zucker
10 Blatt Gelatine
800 g Sahne
100 g Krokantstreusel
Erdbeeren oder Blaubeeren zur Deko

Den Backofen auf 170 °C vorheizen. Die Eier trennen. Das Eiklar zusammen mit gut der Hälfte des Zuckers und Salz zu einem schmierigen Schnee schlagen. Die Eigelbe mit dem restlichen Zucker schaumig schlagen.
Die Eigelbmasse unter den Eischnee heben, Mehl und Stärke gemischt darüber sieben und ebenfalls unterheben. Die Masse in eine gefettete und gestaubte Springform geben und im vorgeheizten Ofen 30–35 Min. backen. Auskühlen lassen und einmal waagerecht durchschneiden.
Für die Fülle den Rhabarber schälen und in etwa 2 cm lange Stücke schneiden, mit dem Zucker bestreuen und 30 Min. Saft ziehen lassen. Die Gelatine in reichlich kaltem Wasser einweichen. Den Rhabarber mit dem ausgetretenen Zuckersaft in einen Topf geben und weich kochen. Die ausgedrückte Gelatine dazugeben, verrühren und alles abkühlen lassen.
Inzwischen 400 g Sahne steif schlagen und nach und nach mit dem Schneebesen oder Teigschaber unter das abgekühlte, aber noch flüssige Rhabarberkompott heben. Den unteren Boden auf eine Kuchenplatte stellen und einen Tortenring herumlegen. Die Rhabarbersahne einfüllen und den zweiten Boden auf die Sahne setzen, leicht andrücken. Mindestens 3 Std. kühl stellen.
Zum Servieren die Rhabarbertorte aus dem Ring schneiden, die übrigen 400 g Sahne steif schlagen und damit die Torte rundherum einstreichen. Tupfen aufsetzen und nach Belieben mit Erdbeeren oder Blaubeeren garnieren, den Tortenrand mit Krokantstreuseln bestreuen.

Die Rhabarber-Saison beginnt etwa Mitte April und endet, wie eine Bauernregel besagt, an „Johanni“, dem 24. Juni. Dies dient aber mehr der Regenerierung der Pflanze als irrtümlich angenommen der vermehrten Bildung von Oxalsäure, die für einen gesunden Menschen kaum eine Rolle spielt.
Oxalsäure enthalten vielmehr die Rhabarberblätter, die ungenießbar sind. Wie ein überliefertes Zitat Friedrich des Großen besagt, wusste dieser schon um die abführende Wirkung des Rhabarbers: „Rhabarber und Geduld wirken vortrefflich.“

Erdbeer-Joghurt-Torte

1 runder Biskuitboden (s. S. 23)

Für die Fülle
200 ml Milch
3 Eigelbe
120 g Zucker
8 Blatt Gelatine
500 g Natur-Joghurt
500 g Erdbeeren
650 g Sahne
Puderzucker nach Geschmack
Saft von 1 Zitrone
2 EL gehobelte und geröstete Mandeln

Den fertigen Biskuitboden einmal waagerecht durchschneiden, eine Hälfte auf eine Kuchenplatte setzen und mit einem Tortenring umstellen.
Für die Fülle die Gelatine in reichlich kaltem Wasser einweichen. Milch mit Eigelb und Zucker verrühren und „zur Rose abziehen" (s. Bayerische-Creme-Torte S. 90). Die ausgedrückte Gelatine dazugeben und unterrühren. Die Masse durch ein Sieb in ein Gefäß seihen und mit dem Joghurt verrühren. Die Joghurtcreme zu gleichen Teilen auf zwei Schüsseln aufteilen. Die Erdbeeren waschen und vom Grün befreien – 6–8 schöne Beeren zum Ausgarnieren beiseite legen. 250 g geputzte Erdbeeren pürieren und unter die eine Hälfte der Joghurtcreme rühren. Die restlichen Erdbeeren halbieren und den Biskuitboden damit belegen. 350 g Sahne steif schlagen. Kurz bevor die Erdbeercreme zu stocken beginnt, die Hälfte der Sahne unterheben, mit Puderzucker abschmecken und in den Tortenring füllen. Die Torte 10–15 Min. kühl stellen. Unter die zweite Hälfte der Joghurtcreme den Zitronensaft rühren, die restliche Schlagsahne unterheben und ebenfalls mit Puderzucker abschmecken. Auf die schon etwas fest gewordene Erdbeercreme füllen, glattstreichen und den zweiten Boden darauf setzen. Mind. 2 Std. im Kühlschrank anziehen lassen. Zum Servieren die übrigen 300 g Sahne steif schlagen und die Torte damit rundherum dünn einstreichen. Oben am Rand kreisförmig 12, 14 oder 16 Sahnetupfen aufspritzen und jeweils mit den zurückbehaltenen, halbierten Erdbeeren garnieren. Die Mandeln in der Mitte aufstreuen.

Klassischer Erdbeerkuchen (Foto)

Für den Biskuit
4 Eier, 110 g Zucker
60 g Mehl + Mehl für die Form
60 g Stärke, 1 Prise Salz
Butter für die Form

Für den Belag
ca. 750 g Erdbeeren
2 Päck. klarer Tortenguss
2 EL Zucker, 250 ml Apfelsaft

Nach dem Grundrezept aus den Zutaten einen Biskuitteig (s. S. 23) herstellen. In eine gefettete und gestaubte Obstkuchenform (26–28 cm Ø) füllen und 10–20 Min. bei 175 °C backen. Die Erdbeeren waschen, putzen und halbieren. Den ausgekühlten Obstkuchenboden damit dicht belegen. Den Guss aus Zucker, 250 ml Wasser und Apfelsaft nach Packungsanweisung zubereiten und die Erdbeeren damit nicht zu heiß glasieren. Mit leicht aufgeschlagener Sahne servieren.

Das Rezept ist recht einfach, aber mit den ersten frischen, selbst gepflückten Erdbeeren aus dem Garten für mich ein absolutes Muss! Genauso können Sie den Boden mit Himbeeren belegen.

Friesentorte mit Johannisbeeren

Für die Brandmasse
125 ml Milch
100 g Butter
1 Prise Salz
250 g Mehl + Mehl fürs Blech
5–6 Eier

Für die Fülle
2 Blatt Gelatine
500 g Sahne
300 g Johannisbeerpüree
Puderzucker
2 EL Cassislikör
50 g gehobelte und geröstete Mandeln

Die Original-Friesentorte wird anstelle von Johannisbeerpüree mit Pflaumenmus gefüllt – mir schmeckt die Johannisbeer-Variante vor allem im Sommer mit frischen Beeren viel besser.

Nach dem Grundrezept aus den Zutaten und 125 ml Wasser eine Brandmasse (s. S. 21) herstellen.
Den Backofen auf 220 °C vorheizen. Mehrere Bleche leicht mit Mehl bestäuben und mit Hilfe eines Tortenrings (26 cm Ø) vier höchstens 2 mm dicke Brandteigböden aufstreichen. Im vorgeheizten Ofen nacheinander knusprig, aber noch hellbraun backen. Ein schönes Ergebnis erzielt man, wenn man zu Beginn eine ofenfeste Form mit etwas Wasser mit in den Ofen stellt. Einen der Böden gleich nach dem Backen in 14 oder 16 Stücke schneiden.
Für die Fülle die Gelatine in reichlich kaltem Wasser einweichen. 350 g Sahne mit 2 EL Puderzucker steif schlagen. Einen abgekühlten Boden mit einem Tortenring umstellen. Das Johannisbeerpüree mit Puderzucker nach Geschmack süßen und etwa ein Drittel davon auf den Boden streichen.
Die ausgedrückte Gelatine im Wasserbad oder in der Mikrowelle auflösen und den Cassislikör dazugeben. Zügig unter die geschlagene Sahne rühren. Ein Drittel der Sahne auf das Püree streichen, den nächsten Boden auflegen wieder mit Püree und Sahne bestreichen. Mit dem dritten Boden genauso verfahren. Zum Schluss den vorgeschnittenen Boden auf die Sahne geben und leicht andrücken. Die Torte 1–2 Std. kühl stellen.
Zum Servieren die restliche Sahne steif schlagen und den Rand der Torte damit einstreichen, mit den gerösteten Mandelblättchen bestreuen.

Friesentorte gibt es öfters auch mit Streuseln auf den einzelnen Böden. Dafür 300 g Mehl, 1 EL geschälte, gemahlene Mandeln, 180 g flüssige Butter und 90 g Zucker zu Streuseln verreiben. Die Streusel jeweils vor dem Backen der Brandteigböden aufstreuen und mitbacken.

Johannisbeerpüree: Für 300 g Püree brauche ich etwa 400 g Johannisbeeren, gerne auch rote und schwarze gemischt. Die Beeren waschen, von den Stielen befreien und pürieren. Durch ein grobes Sieb streichen und die Kerne entfernen. Mit Puderzucker abschmecken.

Joghurtschnitten mit Beeren

Für den Biskuit
6 Eigelbe, 150 g Zucker
5 Eiklar, 1 Prise Salz
60 g Mehl, 60 g Stärke

Für die Fülle
9 Blatt Gelatine
800 g Vanille-Joghurt
100–120 g Puderzucker
Abrieb und Saft von 1 Zitrone
400 g Sahne
ca. 1 kg gemischte Beeren (Him-, Blau-, Brom- und Johannisbeeren)
2 Päck. klarer Tortenguss
2 EL Zucker, 250 ml Apfelsaft

Aus den Zutaten einen Biskuitboden wie für die Biskuitroulade (s. S. 70) herstellen und auskühlen lassen. Den Boden auf ein sauberes Backblech geben und mit einem Backrahmen umstellen.
Für die Fülle die Gelatine einweichen. Vanille-Joghurt mit 100 g Puderzucker, Zitronensaft und -schale verrühren. Die ausgedrückte Gelatine auflösen. Erst einige Esslöffel Joghurt einrühren, dann die restliche Gelatine in die Joghurtcreme rühren. Kühl stellen, bis die Creme leicht zu gelieren beginnt. In der Zwischenzeit die Sahne steif schlagen. Nach und nach unter die schon etwas angezogene Joghurtcreme ziehen. Nochmals abschmecken. Die Creme auf den Biskuit geben, glatt streichen und den Kuchen 1–2 Std. kühl stellen. Die Beeren verlesen und auf dem Kuchen verteilen.
Den Tortenguss nach Packungsanweisung aus Zucker, Apfelsaft und 250 ml Wasser zubereiten und nicht zu heiß auf den Beeren verteilen, fest werden lassen.

Wer mag, mischt unter die Hälfte der Joghurtcreme noch ein paar Himbeeren und streicht erst die Joghurtcreme und dann die Himbeercreme auf (s. Foto).

Preiselbeer-Sahne-Torte mit Walnuss

Für den Boden
300 g Walnüsse
6 Eiklar
150 g Zucker
1 Prise Salz
6 Eigelbe
3 EL Mehl + Mehl für die Form
3 EL Stärke
1 Prise Zimt
Butter für die Form

Für die Fülle
5 Blatt Gelatine
100 ml Rotwein
1 Glas Preiselbeerkompott (ca. 370 ml)
600 g Sahne
1 EL Puderzucker
2 EL Eierlikör
gehackte Walnüsse nach Geschmack

Die Walnüsse mahlen. Den Backofen auf 175 °C vorheizen. Eiklar mit Zucker und Salz zu schmierigem Schnee schlagen, Eigelbe unterrühren. Mehl und Stärke sieben, mit Zimt und Walnüssen mischen und vorsichtig unter den Eischnee heben. Die Masse in einer gefetteten und gestaubten Springform verstreichen und im vorgeheizten Ofen 25–30 Min. backen.
Für die Fülle 3 Blatt Gelatine in reichlich kaltem Wasser einweichen. Den Rotwein erwärmen, die ausgedrückte Gelatine dazugeben und zusammen in das Preiselbeerkompott rühren, etwas abkühlen lassen. Die restliche Gelatine ebenfalls in kaltem Wasser einweichen, 300 g Sahne steif schlagen. Den Puderzucker auf die geschlagene Sahne sieben.
Den ausgekühlten Boden einmal durchschneiden, die untere Hälfte auf eine Kuchenplatte legen und mit einem Tortenring umstellen. Die Preiselbeermasse auf dem Boden verteilen.

Die restliche Gelatine ausdrücken und im Wasserbad oder in der Mikrowelle auflösen. Den Eierlikör zur Gelatine geben und gut vermischen. Unter ständigem Rühren die Gelatine zur geschlagenen Sahne gießen und gut untermischen. Die Sahnemischung mit einem Teigschaber auf die Preiselbeermasse geben und glatt verstreichen. Vorsichtig den zweiten Boden auf die Sahne setzen, etwas andrücken und die Torte etwa 2 Std. kühl stellen.
Zum Servieren die restlichen 300 g Sahne steif schlagen und die Torte damit rundherum einstreichen. Nach Geschmack mit Sahnetupfen, karamellisierten Walnüssen und Johannisbeeren sowie etwas Eierlikör garnieren.

Mein Rezept für selbst gemachtes Preiselbeerkompott:
500 g Preiselbeeren verlesen, waschen und gut abtropfen lassen. 150–200 g Zucker und knapp 125 ml Wasser aufkochen, bis der Zucker sich vollkommen aufgelöst hat. Die Preiselbeeren dazugeben, alles aufkochen und etwa 10–15 Min. bei schwacher Hitze köcheln lassen, die Preiselbeeren sollen glasig werden. Noch heiß in saubere Einmachgläser abfüllen.

Tomaten-Vollkorn-Kuchen

Für den Quarkmürbteig
200 g Weizenvollkornmehl
200 g Quark
200 g Butter + Butter für die Form
1 Prise Salz

Für die Fülle
7–8 Tomaten, 1 Zwiebel
150 g Emmentaler, 120 g Sahne
2 Eier, Salz, Pfeffer
1 Prise Cayennepfeffer
Thymian
1 EL Semmelbrösel
8–10 Blättchen Basilikum

Für den Teig das Mehl auf die Arbeitsfläche geben und eine Mulde eindrücken, den Quark hineingeben. Die gewürfelte Butter und das Salz über dem Mehl verteilen und alles zu einem glatten Teig verkneten. In Folie wickeln und etwa 1 Std. im Kühlschrank ruhen lassen.
Den Backofen auf 175 °C vorheizen. Den Teig ausrollen und in eine gefettete Springform legen, einen Rand von etwa 2 cm hochziehen. Die Tomaten waschen und in Scheiben schneiden, die Zwiebel schälen und in kleine Würfel schneiden, den Käse reiben. Die Sahne mit den Eiern verrühren und mit Salz, Pfeffer, Cayenne und Thymian würzig abschmecken.
Die Semmelbrösel auf dem Boden verteilen und mit den Tomaten belegen. Zwiebeln und zerrupfte Basilikumblättchen darüber streuen. Den Käse zur Eiersahne geben und verrühren, den Guss gleichmäßig auf den Tomaten verteilen. Den Kuchen im vorgeheizten Ofen 30–40 Min. backen.

Schwäbischer Lauchkuchen (Foto)

Für den Quarkmürbteig
250 g Mehl, 1 Msp. Backpulver
125 g kalte Butter + Butter für die Form
1/2 TL Salz
125 g Quark

Für den Belag
ca. 1 kg Lauch
100 g Speck
3 EL neutrales Öl
200 g Schmand, Salz, Pfeffer
Paprikapulver
Cayennepfeffer, 3 Eier
80–100 g geriebener Käse
2 EL Semmelbrösel

Für den Teig Mehl und Backpulver auf eine Arbeitsfläche geben und eine Mulde eindrücken, den Quark hineingeben. Die gewürfelte Butter und das Salz über dem Mehl verteilen und alles zu einem glatten Teig verkneten. In Folie wickeln und etwa 30 Min. ruhen lassen.
Inzwischen den Lauch waschen und den hellgrünen Teil in Ringe schneiden – den dunklen, harten Teil des Lauchs nicht verwenden, er schmeckt im fertigen Kuchen zäh. Speck in kleine Würfel schneiden, im Öl andünsten, Schmand dazugeben und alles kräftig mit den Gewürzen abschmecken, abkühlen lassen.
Den Backofen auf 175 °C vorheizen. Den Teig ausrollen und eine gefettete Springform damit auskleiden, einen Rand von etwa 3 cm hochdrücken. Die Eier verschlagen, den geriebenen Käse dazugeben und alles unter die Schmandmasse mischen. Die Semmelbrösel auf den Teig streuen, die Lauchringe und die Schmandmasse darauf geben und den Kuchen im vorgeheizten Ofen 30–40 Min. backen.

Meine Lieblingskuchen

Wenn ich für den Dorfladen backe …

Mutig eröffnen wieder kleine Lebensmittelläden in unseren Dörfern. Mutig deshalb, weil sie sich angesichts des steigenden Angebots in den Discountern behaupten müssen. Sie gehen weg vom Überangebot der großen Märkte und folgen einem altbekannten, doch vernachlässigten Schema der Produktauswahl: der Regionalität. Hier ist der Herstellungsprozess transparent und lange Transportwege fallen weg. Es liefert der Bäcker aus dem Nachbarort das Brot, der Bauer bringt den selbst gemachten Joghurt und Honig gibt's vom ortsansässigen Imker. Die große Wertschätzung regionaler Produkte begeistert mich und ich bin dankbar, mit meinen Kuchen zu den Lieferanten zu gehören, die alle eine gemeinsame Überzeugung leitet, nämlich die, Produkte aus der Region für die Region anzubieten – und diese so frisch wie möglich. Der Dorfladen hat übrigens noch mehr zu bieten. Hier kennt man die Wünsche seiner Kunden und auch den Kunden selbst. Hier trifft man sich gerne, es gibt ein Plätzchen, um Kaffee zu trinken und sich auszutauschen. Ein Ort für die kleine Auszeit zwischendurch …!

Nuss-Schmand-Kuchen (Foto)

1 Rezept Hefeteig (s. S. 16)

Für die Schmandmasse
500 g Schmand
120 g Honig
1 TL Stärke

Zum Aufstreuen
220 g Walnüsse
100 g Haselnüsse
120 g Zucker
1/2 TL Zimt
3 EL Aprikosenkonfitüre

Nach dem Grundrezept aus den Zutaten einen feinen Hefeteig herstellen.
Während der Teig geht, die Walnüsse grob hacken, die Haselnüsse mahlen. Alles mit Zucker und Zimt gut vermischen. Für die Schmandmasse den Schmand glatt rühren, Honig und Stärke dazugeben und unterrühren.
Den Ofen auf 175 °C vorheizen. Den aufgegangenen Teig aus der Schüssel nehmen, nochmals durchkneten und dünn ausrollen. Auf ein Rollholz aufwickeln und auf einem gefetteten Backblech, am besten eignet sich eine Fettpfanne, wieder abrollen. Den Teig mit den Fingern am Rand etwas hochdrücken und mit einer Gabel mehrmals einstechen.
Die Schmandmasse vorsichtig auf dem Teig verstreichen und dick mit der Nussmischung bestreuen. Den Kuchen in den vorgeheizten Ofen schieben und 30–40 Min. backen. Die Aprikosenkonfitüre mit 3 EL Wasser aufkochen und über den fertigen Kuchen träufeln.

Schokoladen-Guglhupf ohne Mehl

160 g Blockschokolade
200 g Butter + Butter für die Form
8 Eiklar
160 g Zucker
1 Prise Salz
8 Eigelbe
200 g gemahlene Haselnüsse
2 geh. EL Semmel- oder Biskuitbrösel (s. S. 36)
1/2 TL Zimt
etwas Mehl für die Form
Puderzucker zum Bestäuben

Die Schokolade zusammen mit der Butter im Wasserbad schmelzen. Das Eiklar mit Zucker und Salz zu einem schmierigen Schnee aufschlagen.
Den Backofen auf 160 °C vorheizen. Erst die Eigelbe, dann die Nüsse mit Bröseln und Zimt in die Schoko-Butter-Masse einrühren. Den Eischnee vorsichtig unterheben.
Die Masse in eine gefettete und gestaubte Guglhupf-Form füllen. Den Kuchen in den vorgeheizten Ofen schieben und 40–50 Min. backen. In der Form auskühlen lassen, da der Kuchen nach dem Backen wieder einsinkt.
Zum Servieren mit Puderzucker bestäuben.

Käsekuchen mit Schichtkäse (Foto)

Für den Mürbteig
125 g Butter + Butter für die Form
60 g Zucker
1 Prise Salz
1 Eigelb
250 g Mehl

Für die Quarkmasse
450 ml Milch
1 EL + 150 g Zucker
1 Päck. Vanille-Puddingpulver
1 kg Schichtkäse
1 Prise Salz
ausgekratztes Mark von
1/2 Vanilleschote
5 Eier
50 g zerlassene Butter

Für die Quarkmasse aus Milch, 1 EL Zucker und Puddingpulver nach Packungsanweisung einen Pudding zubereiten, abdecken und kühl stellen. Nach dem Grundrezept aus den Zutaten einen Mürbteig (s. S. 16) herstellen.
Den Backofen auf 180 °C vorheizen. Den Schichtkäse mit 150 g Zucker, Salz, Vanillemark und Pudding mit einem Schneebesen verrühren. Die Eier nach und nach dazugeben, die Butter mit der Masse gut verrühren.
Eine gefettete Springform mit dem Mürbteig auslegen, dabei einen Rand von etwa 2 cm hochziehen. Die Quarkmasse einfüllen und den Kuchen in den vorgeheizten Ofen schieben. Nach etwa 20–30 Min. geht die Quarkmasse auf, dann den Kuchen aus dem Ofen nehmen und abkühlen lassen, bis sich die Masse wieder gesetzt hat und eine glatte Oberfläche entstanden ist. Den Käsekuchen anschließend nochmal für etwa 20–25 Min. bei 175 °C fertig backen.

Bei Käsekuchen bevorzuge ich Schichtkäse anstelle von Topfen oder Quark – er gibt dem Kuchen eine besonders feste Konsistenz.

Faule-Weiber-Kuchen

1 Rezept Mürbteig (s. oben)

Für die Fülle
1 Dose Mandarinen
(Abtropfgewicht ca. 175 g)
500 g Quark, 100 g Sauerrahm
130 g + 1 EL Zucker
2 Eier
1 Päck. Vanille-Puddingpulver
100 ml neutrales Öl
200 ml Milch
1 Päck. klarer Tortenguss

Nach dem Grundrezept aus den Zutaten einen Mürbteig (s. S. 16) herstellen. Die Mandarinen abtropfen lassen, dabei den Saft auffangen. Quark, Sauerrahm, 130 g Zucker und Eier verrühren. Das Puddingpulver dazugeben, Öl und Milch nach und nach einrühren. Den Backofen auf 175 °C vorheizen. Eine gefettete Springform mit dem Mürbteig auskleiden, die Quarkmasse einfüllen und mit den abgetropften Mandarinen belegen. Den Kuchen in den vorgeheizten Ofen schieben und 35–45 Min. backen. Den Tortenguss nach Packungsanweisung mit dem Mandarinensaft und 1 EL Zucker zubereiten, dabei den Saft evtl. mit Wasser auf 250 ml auffüllen, und den abgekühlten Kuchen damit glasieren.

Schmeckt auch gut mit Sauerkirschen statt Mandarinen (s. Foto S. 53). Den Tortenguss dann mit dem Abtropfsaft der Kirschen anrühren.

Zupfkuchen

Für den Mürbteig
200 g Zucker, 200 g Butter + Butter für die Form
1 Prise Salz, 1 Ei
1 gestr. TL Backpulver
350 g Mehl, 40 g Kakaopulver

Für die Fülle
500 g Quark, 150 g Zucker
ausgekratztes Mark von 1/2 Vanilleschote
3 Eier
1 Päck. Vanille-Puddingpulver
250 g zerlassene Butter

Für den Mürbteig Butter, Zucker und Salz glatt arbeiten. Das Ei und Backpulver dazugeben, alles mit Mehl und Kakao vermischen und rasch zusammenwirken. In Folie wickeln und etwa 30 Min. kühl stellen.
Für die Fülle Quark, Zucker und Vanillemark verrühren. Die Eier nach und nach einrühren, das Puddingpulver dazugeben und zuletzt die flüssige, nicht mehr heiße Butter unterrühren
Den Backofen auf 170 °C vorheizen. Zwei Drittel des Mürbteigs dünn ausrollen und eine gefettete Springform damit auskleiden. Einen Rand von ca. 3 cm hochziehen. Die Quarkmasse einfüllen und glatt streichen. Den restlichen Mürbteig ausrollen, in kleine Stücke „zupfen" und auf der Quarkmasse verteilen. Den Kuchen in den vorgeheizten Ofen schieben und 40–50 Min. backen.

Schmandkuchen mit Birnen (Foto)

Für den Mürbteig
125 g Butter + Butter für die Form
60 g Zucker
1 Prise Salz
1 Eigelb
250 g Mehl

Für die Fülle
5–6 Birnen
250 ml Weißwein
150 g + 1 EL Zucker
350 g Schmand
350 g Quark
1 Prise Salz
1/2 TL Zitronenabrieb
3 Eier
50 g Butter
50 g gehobelte Mandeln
2 EL Zimtzucker

Nach dem Grundrezept aus den Zutaten einen feinen Mürbteig (s. S. 16) herstellen.
Während der Teig ruht, für die Fülle die Birnen schälen, entkernen und achteln. In einem Sud aus je 250 ml Weißwein und Wasser mit 1 EL Zucker weich kochen, abgießen und abtropfen lassen.
Schmand, Quark, 150 g Zucker, Salz und Zitronenabrieb glatt rühren. Die Eier nach und nach einrühren.
Den Backofen auf 175 °C vorheizen. Den aufgegangenen Teig nochmals durchkneten und dünn ausrollen. Eine gefettete Springform mit dem Mürbteig auskleiden, dabei mit den Fingern einen etwa 1 cm hohen Rand drücken und den Teig mit einer Gabel mehrmals einstechen.
Die abgetropften Birnen darauf verteilen, die Schmandmasse darüber geben und verstreichen. Die Butter in Flöckchen zerteilen und auf der Masse verteilen. Die Mandeln über den Kuchen streuen und zuletzt den Zimtzucker darüber geben. Den Kuchen in den vorgeheizten Ofen schieben und 40–45 Min. backen.

Dieses Rezept mache ich besonders gerne im Herbst, wenn die ersten Birnen reif sind.

Mohnblechkuchen

Für den Mürbteig
250 g Butter + Butter fürs Blech
125 g Zucker
1 Prise Salz
1 Ei
500 g Mehl
1/2 gestr. TL Backpulver

Für die Fülle
250 g gemahlener Mohn
200 g Zucker
150 g Biskuitbrösel (s. Tipp)
50 g gehackte Mandeln
1/2 TL Zimt
50 g Marzipanrohmasse
2 Eier
250 ml Milch
1/2 Glas Aprikosenkonfitüre
(ca. 100 g)

Nach dem Grundrezept aus den Zutaten einen Mürbteig (s. S. 16) herstellen.
Für die Fülle Mohn mit Zucker, Bröseln, Mandeln und Zimt mischen. Das Marzipan in eine Schüssel geben, die Eier nacheinander dazugeben und mit den Händen zu einer weichen, streichfähigen Masse kneten. Die Milch kurz aufkochen lassen und zusammen mit der Marzipanmasse zur Mohnmischung geben. Mit einem Spatel alles gut verrühren, etwas abkühlen lassen.
Den Backofen auf 175 °C vorheizen. Etwa zwei Drittel des Mürbteigs ausrollen und auf eine gefettete Fettpfanne geben. Die Mohnmasse darauf verstreichen. Den restlichen Mürbteig ausrollen, in dünne Streifen schneiden und gitterartig auf den Kuchen legen. Den Kuchen in den vorgeheizten Ofen schieben und 30–40 Min. backen. Die Aprikosenkonfitüre mit 3 EL Wasser aufkochen und den Kuchen damit aprikotieren.

Je nach Lust und Laune kann man den Kuchen auch noch mit Kirschen belegen, bevor man das Mürbteiggitter auflegt.
Sehr gerne mag ich den Mohnblechkuchen mit Äpfeln: Dazu 4–5 Boskop-Äpfel schälen, entkernen, achteln und ein wenig vordünsten. Den Mürbteig mit den abgetropften Äpfeln belegen und die Mohnmasse darauf streichen.
Oft bleibt von einem Biskuitboden etwas übrig, das friere ich ein und verwende es später. Ansonsten können Sie anstelle der Biskuitbrösel auch 100 g Löffelbiskuit oder Zwieback verwenden.

Variante
Käse-Mohn-Kuchen (Foto)

Zusätzlich ein halbes Rezept der Käsekuchenmasse (s. S. 56) zubereiten und auf dem Mohn verstreichen. Dann fortfahren wie beschrieben.

Ich finde es besonders schön, wenn man die Quarkmasse auf den Mürbteig gibt und die Mohnfülle mit einem Spritzbeutel (am besten ohne Tülle) als Gitter aufspritzt.
Geht die Quarkmasse beim Backen zu sehr auf, den Kuchen aus dem Ofen nehmen und etwas absinken lassen, dann erst fertig backen.

Donauwelle mit Canache (Foto)

Für die Buttercreme
140 g Zucker
4 EL Stärke
3 Eigelbe
500 ml Milch
350 g weiche Butter

Für die Sandmasse
250 g weiche Butter
250 g Zucker
1 Prise Salz
5 Eier
150 g Mehl
150 g Stärke
1/2 Päck. Backpulver
4 EL Rum
1–2 EL Kakaopulver

Für die Canache
200 g bittere Kuvertüre
120 g dunkles Nougat
5 EL Milch
100 g Sahne

Außerdem
Butter und Mehl fürs Blech
2 Gläser Kirschen (Abtropfgewicht je ca. 370 g)

Für die Buttercreme aus den Zutaten nach dem Grundrezept (s. S. 24) zuerst einen Pudding herstellen, mit Folie abdecken und abkühlen lassen.
Für die Sandmasse Butter mit Zucker und Salz schaumig schlagen. Nach und nach die Eier dazugeben und gut verrühren. Zuletzt das Mehl-Stärke-Gemisch mit dem Backpulver sieben und unterheben, den Rum einrühren.
Den Backofen auf 175 °C vorheizen. Die Hälfte der Masse auf ein gefettetes, mit Mehl bestäubtes Backblech (am besten die Fettpfanne) verstreichen. Die andere Teighälfte mit Kakao einfärben. Ist der Kakaoteig zu fest, noch etwas Milch oder Rum dazugeben. Die dunkle Masse auf der hellen Masse verstreichen und die gut abgetropften Kirschen darauf verteilen. Die Donauwelle im vorgeheizten Ofen 30–35 Min. backen.
Inzwischen für die Canache Kuvertüre hacken, Nougat in kleine Stücke schneiden und beides in eine Schüssel geben. Milch und Sahne aufkochen, über die Schoko- und Nougatstücke gießen, gut verrühren und mit dem Stabmixer homogenisieren.
Für die Buttercreme die weiche Butter schaumig rühren und den Pudding löffelweise dazugeben. Die fertige Buttercreme auf die abgekühlte Sandmasse streichen.
Das Blech kurz in den Kühlschrank stellen, so verläuft die Buttercreme beim Glasieren nicht so schnell. Zum Verarbeiten die Canache evtl. im Wasserbad nochmals etwas anwärmen, sie sollte lauwarm und zähflüssig sein. Auf die Buttercreme gießen und mit einer Palette oder einem langen Messer verstreichen. Mit einem Garnierkamm oder einer Gabel die typischen Wellen in die Creme ziehen.

Wenn Sie nicht so viel Zeit haben, können Sie die Canache durch eine gekaufte Schokoladenglasur ersetzen.

Wer lieber weniger Buttercreme mag, verwendet nicht alles und friert den Rest ein – er lässt sich gut bei Bedarf z. B. für Obstkuchen verwenden.

Variante
Aprikosen-Mascarpone-Welle

Gerne mache ich die Donauwelle anstelle von Kirschen mit frischen, gehäuteten Aprikosen und statt Buttercreme mit einer Quark-Mascarpone-Creme: Aus 500 g Quark, 500 g Mascarpone, Zucker nach Geschmack und etwas Zitronensaft eine Creme herstellen. 250 g Sahne mit 1 Päck. Sahnesteif aufschlagen, vorsichtig unter die Creme heben und aufstreichen. Anstatt der Canache-Decke die Creme einfach mit Kakao bestäuben.

Omas G'sundheitskuchen

Für die Sandmasse
250 g weiche Butter + Butter für die Form
250 g Zucker
3 EL Rum
5 Eier
1 Prise Salz
150 g Mehl + Mehl für die Form
150 g Stärke
1 gestr. TL Backpulver

Für die Canache
150 g bittere Kuvertüre
100 g dunkles Nougat
100 g Sahne

Außerdem
1/2 Glas Aprikosenkonfitüre (ca. 100 g)

Für die Sandmasse die weiche Butter mit knapp einem Drittel des Zuckers glatt rühren, nicht schaumig schlagen. Den Rum einrühren. In einer weiteren Schüssel die Eier mit dem restlichen Zucker und dem Salz schaumig schlagen. Mehl, Stärke und Backpulver sieben.
Den Backofen auf 175 °C vorheizen. Etwa ein Viertel der Eiermasse zur Buttermischung geben und gut verrühren, 2 EL des Mehl-Stärke-Gemischs dazugeben und unterheben. Die restliche Eiermasse nun nach und nach dazugeben und immer wieder etwas vom Mehl-Stärke-Gemisch unterheben – so wird es eine glatte, homogene Masse und gerinnt nicht. Zum Schluss das restliche Mehl dazugeben und verrühren.
Den Teig in eine gefettete und gestaubte Guglhupf-Form füllen und im vorgeheizten Backofen 30–35 Min. backen. Inzwischen die Aprikosenkonfitüre mit 3 EL Wasser aufkochen, warm halten. Den Kuchen aus der Form stürzen und noch heiß mit der aufgekochten Aprikosenkonfitüre aprikotieren.
Für die Canache Kuvertüre hacken, Nougat klein schneiden und beides in eine Schüssel geben. Sahne aufkochen und über Kuvertüre und Nougat gießen, mit einem Spatel gut verrühren. Die Canache mit dem Stabmixer homogenisieren, etwas abkühlen lassen. Den Guglhupf auf ein Kuchengitter setzen und die Canache darüber gießen, das Gitter etwas rütteln, sodass die überschüssige Glasur abläuft.

Warum der G'sundheitskuchen so gesund ist, kann ich mir nach heutigen Wellness-Vorstellungen nicht erklären. Er muss wohl in Notzeiten körperlich aufbauend und darum stärkend für die Gesundheit gewesen sein. Angeblich wurde er früher den Wöchnerinnen ans Bett gebracht und heißt auch „Kindsbettkuchen".

Meine Oma hat den G'sundheitskuchen sehr oft gebacken, aber meist nicht mit einer Canache glasiert, sondern mit einer Glasur aus Kakao, Puderzucker und Wasser.

Pfälzer Rotweinkuchen

Das Eiklar zusammen mit zwei Dritteln des Zuckers und Salz zu einem schmierigen Schnee aufschlagen. Die Butter mit dem restlichen Zucker schaumig schlagen, die Eigelbe nach und nach dazugeben und unterrühren.
Den Backofen auf 175 °C vorheizen. Mehl, Kakao- und Puddingpulver mit dem Backpulver sieben, Mandeln und Zimt damit vermischen. Die Mehl-Mandel-Mischung abwechselnd mit 150 ml Rotwein einrühren. Zuletzt den Eischnee vorsichtig unterheben. Die Masse in eine gefettete und gestaubte Guglhupf-Form oder Kastenform füllen und im vorgeheizten Ofen 30–40 Min. backen. Aus der Form stürzen und auskühlen lassen. Puderzucker mit 4 EL Rotwein zu einem Guss verrühren und den Kuchen damit glasieren.

Im Winter können Sie den Rotweinkuchenteig auch mit jeweils 1 Msp. Nelken und Kardamom sowie 1/2 TL Zimt würzen. Auch der nicht mehr ganz ausgetrunkene Glühwein vom Vorabend gibt dem Kuchen noch zusätzlichen Pepp.

6 Eiklar
250 g Zucker
1 Prise Salz
250 g weiche Butter + Butter für die Form
6 Eigelbe
125 g gemahlene Mandeln
100 g Mehl + Mehl für die Form
60 g Kakaopulver
1 Päck. Schoko-Puddingpulver
1 Päck. Backpulver
1 Prise Zimt
150 ml + 4 EL Pfälzer Rotwein
80 g Puderzucker

Kirschkuchen mit Streuselteig

Für den Streuselteig
300 g Mehl
200 g Butter
150 g Zucker
100 g gemahlene Haselnüsse

Für die Fülle
2 Gläser Kirschen
(Abtropfgewicht je ca. 370 g)
2 Päck. Vanille-Puddingpulver
80 g Zucker
1 Prise Zimt

Für den Streuselteig Mehl, Butter, Zucker und Nüsse in eine Schüssel oder auf die Arbeitsfläche geben und mit den Fingern zu Streuseln verreiben. Zwei Drittel der Streusel in eine gefettete Springform drücken, dabei einen Rand von etwa 3 cm hochziehen, und kühl stellen.

Den Backofen auf 175 °C vorheizen. Die Kirschen abtropfen lassen und den Saft auffangen. Das Puddingpulver mit dem Zucker mit wenig Saft klumpenfrei anrühren, den restlichen Saft in einem ausreichend großen Topf zum Kochen bringen. Unter ständigem Rühren die angerührte Flüssigkeit in den Saft gießen und alles einmal aufkochen lassen. Vom Herd nehmen, Kirschen und Zimt dazugeben und mit einem Spatel vorsichtig unterheben.

Die Kirschfülle auf den Streuselboden in die Springform füllen und mit Streuseln aus dem restlichen Teig bestreuen. Den Kuchen in den vorgeheizten Ofen schieben und ca. 30 Min. backen. Fängt die Kirschfülle an, am Rand leicht überzukochen, ist der Kuchen fertig.

Rübli-Zucchini-Kuchen

200 g Karotten
200 g Zucchini
5 Eier
220 g Zucker, 1 Prise Salz
250 g Butter + Butter für die Form
250 g Mehl + Mehl für die Form
75 g Stärke
1 gestr. TL Backpulver
50 g gemahlene Haselnüsse
100 g Sahne
3 EL Aprikosenkonfitüre
2 EL Puderzucker
1 EL Zitronensaft oder Kirschwasser

Die Karotten schälen, die Zucchini waschen und beides getrennt raspeln. Zucchiniraspel in einem Sieb abtropfen lassen. Die Eier mit dem Zucker und Salz schaumig schlagen. Butter schmelzen lassen.
Den Backofen auf 175 °C vorheizen. Mehl, Stärke und Backpulver sieben und mit den Nüssen mischen. Abwechselnd mit der flüssigen Butter unter die schaumige Eiermasse heben. Zuletzt die Sahne unterrühren, Karotten- und ausgedrückte Zucchiniraspel vorsichtig unterheben.
Die Masse in eine gefettete und gestaubte Springform streichen und den Kuchen 30–40 Min. backen. Währenddessen die Aprikosenkonfitüre mit 2 EL Wasser aufkochen und den noch heißen Kuchen damit aprikotieren. Den Puderzucker mit Zitronensaft oder Kirschwasser verrühren und den abgekühlten Kuchen damit glasieren.

Zwetschgenkuchen mit Kartoffelteig

Für den Kartoffelteig
200 g mehlig kochende Kartoffeln (am Vortag gekocht)
225 g Mehl, 50 g Zucker
25 g Butter + Butter für die Form
1 Eigelb
1 gestr. TL Backpulver
1 Prise Salz

Für den Belag
750 g Zwetschgen
1 EL Zimtzucker

Die Kartoffeln vom Vortag schälen und durch die Kartoffelpresse drücken, mit allen anderen Zutaten mischen und einen Mürbteig daraus herstellen. In Folie wickeln und ca. 30 Min. kühl stellen.
Den Backofen auf 180 °C vorheizen. Den Teig ausrollen und in eine gefettete Springform geben. Die Zwetschgen auf einer Längsseite einschneiden, den Kern entfernen und die aufgeklappten Hälften nochmals mittig einschneiden. Den Teig mit den aufgeklappten Zwetschgen kreisförmig und möglichst dicht belegen. Mit Zimtzucker bestreuen und 25–30 Min. backen.

Wer mag, kann aus 200 g Mehl, 100 g Zucker und 100 g weicher Butter Streusel herstellen und darüber streuen. Die Backzeit verlängert sich dadurch etwas, doch es lohnt sich!

Schweizer Rüblitorte

300 g Karotten
100 g Haselnüsse
1/2 TL Zimt
150 g weiche Butter + Butter für die Form
150 g Zucker
5 Eigelbe
4 EL Milch
150 g Mehl + Mehl für die Form
1 gestr. TL Backpulver
5 Eiklar
3 EL Aprikosenkonfitüre
3 EL Puderzucker
1 EL Kirschwasser

Die Karotten schälen und fein raspeln, die Nüsse mahlen, beides mit Zimt mischen. Die Butter und 50 g Zucker schaumig schlagen. Eigelbe nach und nach unterrühren, dann die Milch dazugeben. Das Mehl zusammen mit dem Backpulver sieben. Den Backofen auf 175 °C vorheizen. Eiklar und restlichen Zucker zu einem schmierigen Schnee schlagen. Die Karottenmischung in die Buttermasse rühren, den Eischnee unterheben. Zuletzt das Mehl-Backpulver-Gemisch vorsichtig unterheben.

Die Masse in eine gefettete und gestaubte Springform füllen und den Kuchen 35–40 Min. backen. Inzwischen die Aprikosenkonfitüre mit 2 EL Wasser aufkochen und den Kuchen noch heiß damit bestreichen. Nach dem Auskühlen den Puderzucker mit dem Kirschwasser glatt rühren und den Kuchen damit glasieren.

Wenn beim Kuchen auch Kinder mitessen, rühre ich die Glasur anstelle mit Kirschwasser nur mit Wasser oder Orangensaft an.

Zitronen-Biskuit-Roulade mit Ringelblumen

Für die Biskuitmasse
6 Eigelbe
150 g Zucker
1 Prise Salz
5 Eiklar
60 g Mehl
60 g Stärke
ca. 10 Ringelblumenblüten

Für die Zitronencreme
7 Blatt Gelatine
Saft von 3 Zitronen
Zitronenabrieb
120 g Zucker
3 Eigelbe
125 ml Weißwein
350 g Sahne

Anstelle von Ringelblumenblüten können Sie auch Gänseblümchen oder Apfelblütenblätter verwenden.

Den Backofen auf 210 °C vorheizen. Für den Biskuit Eigelbe mit 50 g Zucker und Salz verrühren. Eiklar und restlichen Zucker zu Schnee schlagen. Die Eigelbmasse unter den Eischnee rühren. Mehl und Stärke sieben, langsam unter die Masse heben.
Den Teig auf ein mit Backpapier belegtes Backblech gleichmäßig aufstreichen und mit den abgezupften Ringelblumenblättern bestreuen. Das Blech in den vorgeheizten Ofen schieben und 8–12 Min. backen. Am besten dabei bleiben und schon nach 5 Min. einmal nachsehen, da sich zu stark gebackene Rouladen nicht mehr schön aufrollen lassen. Aus dem Ofen nehmen und auf ein leicht feuchtes Tuch stürzen.
Für die Zitronencreme die Gelatine in reichlich kaltem Wasser einweichen. Zitronensaft und -abrieb, Zucker, Eigelbe und Wein in einem Topf verrühren und bis kurz vor dem Siedepunkt erhitzen. Die Gelatine ausdrücken und in die Weinsauce einrühren. Durch ein feines Sieb in eine Schüssel gießen und abkühlen lassen.
Die Sahne steif schlagen und nach und nach in die abgekühlte, aber noch flüssige Zitronenmasse einrühren. Das Papier von der Roulade abziehen und die Creme gleichmäßig aufstreichen, dabei am unteren Rand ein paar Zentimeter frei lassen. Mit dem Aufrollen einige Minuten warten, bis die Sahnecreme anzieht und fester wird – so lässt sich die Biskuitroulade gut einrollen, ohne dass die Creme wieder herausläuft. Roulade mit Hilfe des Geschirrtuchs einrollen und im Kühlschrank vollständig anziehen lassen.

Um zu testen, ob der Biskuit fertig ist, mit den Fingern auf die Oberfläche drücken. Wenn eine Delle zurückbleibt, ist der Kuchen noch nicht fertig. Erst wenn das Klebergerüst stabil genug ist, federt der Teig zurück …

Wird eine Biskuitroulade mit Konfitüre gefüllt, dies gleich nach dem Backen mit dem noch warmen und formbaren Boden machen. Sie lässt sich sonst nicht mehr so eng zusammenrollen.

Schoko-Himbeer-Roulade

Für die Biskuitmasse
6 Eigelbe
150 g Zucker
1 Prise Salz
5 Eiklar
60 g Mehl
60 g Stärke
4 EL Kakaopulver

Für die Fülle
300 g Sahne
2 Blatt Gelatine
250 g Himbeeren
einige Spritzer Zitronensaft
etwas Puderzucker

Den Backofen auf 210 °C vorheizen. Für den Biskuit Eigelbe mit 50 g Zucker und Salz verrühren. Eiklar und restlichen Zucker zu Schnee schlagen. Eigelbmasse unter den Eischnee rühren. Mehl, Stärke und Kakao sieben, langsam unter die Masse heben.
Den Teig auf ein mit Backpapier belegtes Backblech gleichmäßig aufstreichen und den Biskuit 10–12 Min. backen. Schon nach 5 Min. einmal nachsehen, da sich zu stark gebackene Rouladen nicht mehr schön aufrollen lassen. Aus dem Ofen nehmen und auf ein leicht feuchtes Geschirrtuch stürzen.
Für die Fülle die Sahne steif schlagen. Die Gelatine in reichlich kaltem Wasser einweichen. Etwa die Hälfte der Himbeeren in eine Schüssel geben und mit einem Schneebesen zerdrücken, Zitronensaft dazugeben. Die Sahne darunter rühren und mit Puderzucker abschmecken. Die ausgedrückte Gelatine im Wasserbad oder in der Mikrowelle auflösen. Erst mit ca. 2 EL geschlagener Sahne gut verrühren, um die Temperatur anzugleichen, dann komplett in die Himbeersahne gießen und gut verrühren. Die restlichen Himbeeren vorsichtig unterheben.
Das Backpapier von der Roulade abziehen und die Himbeersahne gleichmäßig aufstreichen, dabei am unteren Rand einige Zentimeter frei lassen. Mit Hilfe des Geschirrtuchs einrollen und im Kühlschrank fest werden lassen.

Sie können die Schoko-Himbeer-Roulade auch mit Schokosahne (s. Foto) füllen. Dafür 2 Blatt Gelatine in reichlich kaltem Wasser einweichen. 100 g Kuvertüre schmelzen lassen und in eine Schüssel geben, 350 g Sahne steif schlagen. 3 EL Wasser zur aufgelösten Gelatine geben und beides unter die Kuvertüre rühren. Nach und nach die geschlagene Sahne unterrühren. Die Schokosahne auf die Roulade streichen, die vorbereiteten Himbeeren aufstreuen und die Roulade aufwickeln.

Meine Tortenträume

Deko-Ideen für Kuchen und Torten

Für dieses Kapitel stellte ich mir die schönsten Torten vor, die ich in meinem Repertoire habe: Üppig verziert und aufwendig verarbeitet – sie sollten ein Augenschmaus und ein kulinarischer Hochgenuss sein. Aber je länger ich darüber nachdachte, desto mehr entfernte ich mich von den kunstvollen Torten mit seitenlangen Zutatenlisten und stellte fest, dass ich es am liebsten einfach mag: ohne viel Schnick Schnack, dafür natürlich und echt. Erdbeertorten sollen beispielsweise vor allem nach Erdbeeren schmecken, das Aroma darf nicht von vielen anderen Dingen überdeckt sein. Entscheidend ist, auf die Qualität und Frische der Zutaten zu achten. Soweit möglich verwende ich heimisches Obst und Vollmilchprodukte – deren Geschmack ist tausend Mal besser, als es künstliche Aromen je sein können. Für den Dekor eignen sich Früchte oder essbare Blüten wie Ringelblumen, am besten aus dem Garten und damit sicher ungespritzt. Ein Spiegel aus Fruchtmus verleiht Obsttorten tolle Farben, dazu Sahnetupfen als Stückdekor … und der Tortentraum ist perfekt. Nicht zu vergessen Marzipan, aus dem sich nicht nur alle möglichen Blüten und Figuren formen und färben lassen, sondern das hauchdünn feine Torten bedeckt oder manchmal sogar umhüllt.

Eierlikör-Sahne-Torte

Für den Boden
150 g Haselnüsse
100 g Schokolade
50 g Stärke
1 gestr. TL Backpulver
1 Prise Zimt
80 g Butter + Butter für die Form
80 g Zucker
1 Prise Salz
4 Eier
1 EL Rum
Mehl für die Form

Für die Sahnedecke
4 Blatt Gelatine
500 g Sahne
1–2 EL Puderzucker
60 ml Eierlikör + etwas zum Garnieren

Backofen auf 175 °C vorheizen. Die Nüsse mahlen, die Schokolade hacken, beides mit der gesiebten Stärke, Backpulver und Zimt vermischen. Butter, etwa die Hälfte des Zuckers und Salz schaumig rühren. Die Eier trennen, Eigelbe nach und nach zur Buttermasse geben und gut verrühren, den Rum dazugeben. Aus dem restlichen Zucker und Eiklar Eischnee schlagen und unter die Butter-Eigelb-Masse heben. Zuletzt die Nuss-Schoko-Mischung vorsichtig unterrühren und alles in eine gefettete und gestaubte Springform füllen. Den Boden im vorgeheizten Ofen 25–30 Min. backen, abkühlen lassen.
Den abgekühlten Boden aus der Form nehmen, auf eine Kuchenplatte legen und einen Tortenring außen herumstellen. Die Gelatine in reichlich kaltem Wasser einweichen. Die Sahne steif schlagen, mit Puderzucker süßen und etwa die Hälfte des Eierlikörs dazugießen. Die ausgedrückte Gelatine im Wasserbad oder in der Mikrowelle auflösen. Damit es in der Sahne keine Klumpen gibt, erst den restlichen Eierlikör zur Gelatine gießen und verrühren. Dann die Eierlikör-Gelatine-Mischung unter ständigem Rühren zur Sahne gießen.
Die Eierlikörsahne bis auf einige Esslöffel auf dem Boden verteilen und glatt streichen. Den Rest in einen Spritzbeutel füllen und am Rand kleine Tupfer aufspritzen. Die Torte ca. 1 Std. kühl stellen.
Zum Servieren etwas Eierlikör als Spiegel in die Mitte der Torte geben und gleichmäßig über die ganze Oberfläche verteilen.

Variante
Eierlikör-Sahne-Torte mit Kirschen

Fruchtiger wird die Torte, wenn man auf den Boden noch Kirschen gibt. Dafür nehme ich 1 Glas Kirschen (Abtropfgewicht ca. 370 g) und messe etwa 250 ml Kirschsaft ab. 3 EL Stärke und 1 EL Zucker mit etwas kaltem Kirschsaft verrühren und den kochenden Kirschsaft damit abbinden. Die abgetropften Kirschen unterheben, etwas abkühlen lassen und auf dem Boden verteilen. Für 20–30 Min. in den Kühlschrank stellen. Wenn die Kirschmasse kalt ist, die vorbereitete Eierlikörsahne darüber einfüllen. Damit die Torte nicht zu hoch wird, die Sahne auf 350 g und die Gelatine auf 3 Blatt reduzieren.

Cappuccino-Schnitten

Für den Biskuit
6 Eier
180 g Zucker
1 Prise Salz
80 g Mehl + Mehl fürs Blech
80 g Stärke
5 EL Kakaopulver
Butter fürs Blech

Für die Fülle
4 Blatt Gelatine
700 g Sahne
3 EL Cappuccino-Instant-Pulver
60 g Bitterschokolade
3 EL Puderzucker
3 EL Schokostreusel oder geriebene Schokolade

Für die Canache
100 g Sahne
150 g bittere Kuvertüre
100 g Nougat

Backofen auf 175 °C vorheizen. Nach dem Grundrezept aus den Zutaten einen Biskuit (s. S. 23) herstellen und auf eine gefettete, gestaubte Fettpfanne aufstreichen. Im vorgeheizten Ofen 15–20 Min. backen, abkühlen lassen.
Für die Fülle die Gelatine in reichlich kaltem Wasser einweichen, die Sahne steif schlagen. Den Biskuitboden auf ein Blech oder eine große Platte legen, einen Backrahmen außen herumstellen. Aus dem Cappuccino-Instant-Pulver mit 100 ml warmem Wasser einen Cappuccino herstellen. Die Schokolade im Wasserbad schmelzen und in eine größere Schüssel umfüllen.
Die ausgedrückte Gelatine im Wasserbad oder in der Mikrowelle auflösen und mit dem Cappuccino verrühren. Unter ständigem Rühren langsam in die Schokolade gießen. Erst nur eine kleine Menge Sahne (3–4 EL) in die Schokolade geben und gut unterrühren. Dann nach und nach die restliche Sahne unterheben, mit dem Puderzucker süßen und den Schokostreuseln vermengen. Sahnecreme auf den Biskuit streichen und die Torte ca. 1 Std. kühl stellen.
Aus den Zutaten nach dem Grundrezept eine Canache (s. S. 24) zubereiten, lauwarm auf den gut gekühlten Kuchen gießen, verstreichen oder durch Heben und Senken des Blechs gleichmäßig verlaufen lassen. Nochmal kühl stellen, bis die Canache angezogen ist. Zum Servieren in gleich große Schnitten schneiden und auf eine Kuchenplatte setzen.

Variante
Latte-Macchiato-Schnitten

Eine optisch nette Alternative für Kaffee-Freunde: Dafür 250 g Sahne, 250 ml Milch bis kurz vor dem Kochen erhitzen. 50 g Zucker und 5 Blatt Gelatine (zuvor in reichlich kaltem Wasser eingeweicht) in die Milchmischung einrühren. Kurz bevor die Masse zu gelieren beginnt, mit dem Pürierstab aufschäumen. Auf die schon angezogene Schokosahne geben und gleichmäßig darauf verteilen. Dann etwa 15–25 Min. am besten im Gefrierschrank, anziehen lassen und die Schnitten wie oben beschrieben fertigstellen. Eine Glasur aus Canache kommt in diesem Fall nicht mehr drauf.

Schwarzwälder Kirschtorte

Für den Schokoladenbiskuit
5 Eier
140 g Zucker
1 Prise Salz
65 g Mehl + Mehl für die Form
65 g Stärke
4 EL Kakaopulver
Butter für die Form

Zum Tränken
2 cl Kirschwasser
4 EL Läuterzucker (s. S. 24)

Für die Fülle
1 Glas Johannisbeer- oder Kirschkonfitüre (ca. 200 g)
1 Glas Kirschen (Abtropfgewicht ca. 370 g)
3 Blatt Gelatine
900 g Sahne
2–3 EL Puderzucker
2 cl Kirschwasser

Wer mag, unterlegt die Torte noch mit einem Mürbteigboden (s. S. 36 Zwetschgen-Mandel-Kuchen).

Backofen auf 175 °C vorheizen. Für den Biskuit die Eier trennen. Etwa die Hälfte des Zuckers mit Eiklar und Salz zu einem schmierigen Schnee schlagen. Eigelb mit restlichem Zucker schaumig rühren und unter den Eischnee heben. Zuletzt das gesiebte Mehl-Stärke-Gemisch mit dem Kakao vorsichtig unterheben. Die Masse in eine gefettete und gestaubte Springform füllen und im vorgeheizten Ofen 30–35 Min. backen, abkühlen lassen.
Zum Tränken Kirschwasser und Läuterzucker mit 80 ml Wasser vermischen. Den abgekühlten Biskuit aus der Form nehmen und mit einem langen Messer zweimal waagerecht durchschneiden. Den untersten Boden auf einer Kuchenplatte in einen Tortenring stellen, ein wenig tränken, vorsichtig mit Konfitüre bestreichen und die abgetropften Kirschen darauf verteilen.
Für die Fülle die Gelatine in reichlich kaltem Wasser einweichen, 500 g Sahne schlagen. Den Puderzucker auf die Sahne sieben. Die ausgedrückte Gelatine auflösen, mit dem Kirschwasser verrühren und unter ständigem Rühren in die Sahne gießen.
Etwa die Hälfte der Sahne auf den Kirschen verteilen und verstreichen. Den zweiten Boden auflegen, ebenfalls leicht tränken, die restliche Sahne darauf verteilen und glatt streichen. Den letzten Boden auf der Unterseite mit etwas Konfitüre bestreichen und auf die Sahne stürzen, leicht tränken und die Torte mindestens 1 Std. kühl stellen. Zum Ausgarnieren die übrigen 400 g Sahne steif schlagen. Die Torte aus dem Ring schneiden und rundherum mit der Sahne einstreichen. Die restliche Sahne in einen Spritzbeutel füllen und am Rand kreisförmig Rosetten auf die Torte spritzen. Mit Schokospänen und Kirschen ausgarnieren.

Für eine gebundene Kirschfüllung nehme ich 1 Glas Kirschen (Abtropfgewicht ca. 370 g) und messe etwa 250 ml Kirschsaft ab. 3 EL Stärke und evtl. 1 EL Zucker mit Kirschsaft verrühren und damit den kochenden Kirschsaft abbinden. Nach Geschmack etwas Kirschwasser dazugeben und die abgetropften Kirschen vorsichtig unterheben. Kurz abkühlen lassen und auf dem untersten Biskuit verteilen. Die Torte wie oben beschrieben fertigstellen. In diesem Fall können Sie die Sahne auf 300 g und die Gelatine auf 2 Blatt reduzieren.

Nuss-Sahne-Torte

Für den Biskuit
50 g Haselnüsse
100 g Mehl + Mehl für die Form
1 Prise Zimt
5 Eier
140 g Zucker
1 Prise Salz
Butter für die Form

Zum Tränken
2 cl Rum
4 EL Läuterzucker (s. S. 24)

Für die Fülle
3 Blatt Gelatine
900 g Sahne
60 g Nougat
2 EL Rum
3 EL gehackte, leicht geröstete Haselnüsse

Backofen auf 180 °C vorheizen. Die Nüsse fein mahlen und nach Belieben leicht rösten, mit gesiebtem Mehl und Zimt vermischen. Die Eier trennen, Eiklar mit etwa der Hälfte des Zuckers und Salz schaumig schlagen. Eigelb mit dem restlichen Zucker aufschlagen und unter den Eischnee heben, zuletzt die Nussmischung unterheben. Die Masse in eine gefettete und gestaubte Springform füllen und den Biskuit im vorgeheizten Ofen 30–35 Min. backen.
Zum Tränken Rum und Läuterzucker mit 80 ml Wasser mischen. Den ausgekühlten Boden zweimal waagerecht durchschneiden, den untersten Boden auf eine Kuchenplatte in einen Tortenring stellen und ein wenig tränken. Für die Fülle die Gelatine in reichlich kaltem Wasser einweichen. 500 g Sahne schlagen. Das Nougat im Wasserbad oder in der Mikrowelle weich werden lassen. Die ausgedrückte Gelatine im Wasserbad oder in der Mikrowelle auflösen, mit dem Rum zur weichen Schokolade geben und gut verrühren. Erst nur wenig aufgeschlagene Sahne dazugeben und verrühren. Dann den Rest zusammen mit den Nüssen unterheben. Ungefähr die Hälfte der Nusssahne auf dem ersten Boden verstreichen. Den zweiten Boden auflegen, ebenfalls leicht tränken und die restliche Nusssahne darauf verteilen. Den letzten Boden oben auflegen, mit etwas Rumtränke bepinseln und die Torte 1–2 Std. kühl stellen.
Zum Ausgarnieren die übrigen 400 g Sahne steif schlagen. Die Torte aus dem Ring schneiden und mit einer Palette oder einem langen Messer mit Sahne rundherum einstreichen. Die restliche Sahne in einen Spritzbeutel füllen und am Rand kreisförmig Rosetten auf die Torte spritzen. Mit den gehackten Nüssen bestreuen.

Variante
Lübecker Nusstorte

Lübeck ist bekannt für sein gutes Marzipan. Bäckerinnen aus der Gegend legen daher gerne eine Decke aus dünnem Marzipan über die Torte.: Dafür die Nusstorte wie oben beschrieben herstellen, aber keine Sahnerosetten zum Ausgarnieren aufspritzen. 200 g Marzipanrohmasse mit 50 g Puderzucker anwirken und dünn ausrollen. Mit dem Tortenring einen Marzipandeckel ausstechen, evtl. leicht in 14 oder 16 Stück einteilen und mit Hilfe eines Springformbodens auf die Torte gleiten lassen. Nach Belieben mit Sahnetupfen (runde Tülle) und ganzen Nüssen garnieren – wer's noch süßer mag, kann die Nüsse auch karamellisieren.

Trüffeltorte

Für die Wiener Masse
6 Eier
200 g Zucker
1 Prise Salz
120 g Mehl + Mehl für die Form
50 g Stärke
45 g Kakaopulver
50 g zerlassene Butter + Butter für die Form

Zum Tränken
2 EL Läuterzucker (s. S. 24)
2 cl Weinbrand

Für die Canache
400 g bittere Kuvertüre
250 g Sahne
80 g weiche Butter

Außerdem
Blockschokolade für Späne

Nach dem Grundrezept aus den Zutaten eine dunkle Wiener Masse (s. S. 22) herstellen und in einer gefetteten und gestaubten Springform einen Boden backen. Nach dem Auskühlen zweimal waagerecht durchschneiden.
Läuterzucker, Weinbrand und 20 ml Wasser in einem Glas zum Tränken vermischen.
Für die Canache die Kuvertüre sehr fein hacken, Sahne aufkochen und über die Kuvertüre gießen. Mit einem Schneebesen langsam rühren, bis sich die Kuvertüre aufgelöst hat und eine glatte Creme entsteht. Abkühlen lassen und immer wieder umrühren, damit sich keine Haut bildet. Die weiche Butter zur gut abgekühlten Creme geben und alles mit dem Rührgerät oder der Küchenmaschine aufschlagen, bis sie fast das doppelte Volumen hat.
Den untersten Boden auf eine Kuchenplatte in einen Tortenring stellen, mit der Tränke beträufeln und etwa ein Drittel der Canache darauf verstreichen. Mit dem zweiten Boden ebenso verfahren. Den letzten Boden aufsetzen, etwas andrücken und ebenfalls leicht tränken.
Den Tortenring abziehen und die Torte mit dem letzten Drittel Canache rundherum einstreichen, etwas Creme für Tupfen wegnehmen. Von der Blockschokolade mit der Rundung eines Messer Späne hobeln und auf die Torte streuen. Zum Schluss am Rand kreisförmig Canache-Tupfen aufspritzen und die Torte im Kühlschrank etwas anziehen lassen.

Die Torte in einem Satz fertigstellen, da die Canache schnell anzieht. Ansonsten muss man sie wieder anwärmen und ein zweites Mal aufschlagen – dann verliert sie aber stark an Volumen!

Die Canache variiere ich ebenso von Zeit zu Zeit. Sie lässt sich z. B. mit etwas Rum oder Weinbrand nach Belieben abschmecken.

Käsesahne klassisch

Für den Biskuit
5 Eier
140 g Zucker
1 Prise Salz
75 g Mehl + Mehl für die Form
75 g Stärke
Butter für die Form

Für den Fülle
7 Blatt Gelatine
500 g Quark
4 Eigelbe
180 g Zucker
1 Prise Salz
Abrieb von 1/2 Zitrone
250 ml Milch
500 g Sahne
Puderzucker zum Bestäuben

Nach dem Grundrezept aus den Zutaten einen Biskuit (s. S. 23) herstellen und in einer gefetteten und gestaubten Springform backen. Auskühlen lassen und einmal waagerecht durchschneiden.
Für die Fülle die Gelatine in reichlich kaltem Wasser einweichen. Den Quark durch ein Sieb streichen und in eine ausreichend große Schüssel geben. In einem Topf Eigelbe, Zucker, Salz, Zitronenabrieb und Milch mit dem Schneebesen gut verrühren. Bei mittlerer Hitze unter ständigem Rühren erhitzen, bis die Masse merklich dickflüssig wird. Vom Herd nehmen, die Gelatine gut ausdrücken, in den Fond geben und verrühren. Den Fond durch ein Sieb zum Quark gießen und alles mit dem Schneebesen glatt rühren.
Die Sahne steif schlagen und nach und nach unter die Quarkcreme ziehen.
Den unteren Biskuitboden auf eine Kuchenplatte in einen Tortenring stellen und die Quarkcreme einfüllen. Den oberen Biskuitboden in 14 oder 16 Stücke vorschneiden und auf die Creme setzen. Die Torte mindestens 2 Std. kühl stellen und vor dem Servieren mit Puderzucker bestäuben.

Variante
Käsesahne mit Holler

Passt im Herbst: Etwa 5 Dolden Holunderbeeren pflücken, waschen und von den Stielen zupfen – das geht am besten mit einer Gabel. Mit etwa 100 ml Wasser, 1 EL Zucker und 1 Spritzer Zitronensaft weich kochen und durch ein Sieb passieren. 3 Blatt Gelatine in reichlich kaltem Wasser einweichen, gut ausdrücken und zum warmen Holundersaft geben. Etwas anziehen lassen.
Beim Einfüllen der Quarkmasse immer wieder einige Esslöffel (funktioniert auch gut mit einer kleinen Schöpfkelle) Holundersaft dazwischen träufeln, so entsteht eine schön marmorierte Torte, die auch noch sehr fein schmeckt!

Zitronentorte mit Johannisbeerroulade

Für den Biskuit
6 Eigelbe
150 g Zucker
1 Prise Salz
5 Eiklar
60 g Mehl
60 g Stärke
1 Glas Johannisbeergelee (ca. 200 g)

Für die Fülle
6 Blatt Gelatine
3 Zitronen
3 Orangen
100 g Puderzucker
650 g Sahne

Nach dem Rezept für eine Biskuitroulade aus den Zutaten einen Biskuitboden (s. S. 70) herstellen. Gleich nach dem Backen mit dem Johannisbeergelee füllen und aufrollen.
Für die Fülle die Gelatine in reichlich kaltem Wasser einweichen. Zitronen und Orangen getrennt auspressen. Etwa 100 ml Zitronensaft und 250 ml Orangensaft abmessen, mit dem Puderzucker in einen Topf geben und leicht erwärmen, bis sich der Zucker aufgelöst hat. Die ausgedrückte Gelatine im Wasserbad oder in der Mikrowelle auflösen und zum Orangen-Zitronen-Saft geben.
Alles in eine Schüssel umfüllen und etwa 30 Min. kühl stellen, bis der Saft leicht zu gelieren beginnt.
In der Zwischenzeit die Roulade in etwa 2 cm dicke Scheiben schneiden und damit den Boden einer Springform dicht an dicht auslegen.
500 g Sahne steif schlagen. Erst nur wenig davon zum gelierenden Saft geben und gut verrühren, dann den Rest unterheben.
Die Zitrussahne in die Springform auf den Johannisbeerrouladenboden füllen und die Torte mindestens 2 Std. kühl stellen.
Zum Servieren den Kuchen aus der Form schneiden, 150 g Sahne steif schlagen und damit kreisförmig Tupfen oben auf den Rand der Torte setzen.

Wenn noch Rouladenscheiben übrig sind, verwende ich diese zum Dekorieren. Ich schneide sie z. B. in Viertel und stecke sie schräg in die Sahnetupfen.

Sehr schön ist auch eine Verzierung aus Zitronen und Erdbeeren, sowie ein Fruchtspiegel aus 150 ml Orangensaft, angedickt mit 3 Blatt Gelatine.

Für Zitronenabrieb oder Schalen von Zitronen verwende ich immer unbehandelte Zitronen bzw. Bioware.

Bayrisch-Creme-Torte

Für den Biskuit
5 Eiklar
140 g Zucker
1 Prise Salz
5 Eigelbe
75 g Mehl + Mehl für die Form
75 g Stärke
Butter für die Form

Für die Creme
7 Blatt Gelatine, 3 Eigelbe
1 Prise Salz
375 ml Milch, 75 g Zucker
1/2 Vanilleschote
550 g Sahne
3 EL Rum
200 g Marzipanrohmasse
50 g Puderzucker

Außerdem
100 g gehobelte Mandeln, ein paar schöne Himbeeren, ein paar Physalis

Backofen auf 180 °C vorheizen. Nach dem Grundrezept aus den Zutaten einen Biskuitboden (s. S. 23) herstellen. Die Masse in eine gefettete und gestaubte Springform füllen und im vorgeheizten Ofen 30–35 Min. backen, abkühlen lassen. Die gehobelten Mandeln auf einem Backblech verteilen und in der Restwärme des Ofens leicht rösten.
Für die Creme die Gelatine in reichlich kaltem Wasser einweichen. Eigelbe mit Salz verrühren. Milch, Zucker und aufgeschlitzte Vanilleschote aufkochen, vom Herd nehmen und unter ständigem Rühren langsam zu den Eigelben gießen, Vanilleschote entfernen. Die Eiermilch zurück in den Topf gießen und nochmals auf die Herdplatte stellen.
Die Masse „zur Rose abziehen“, d. h. unter ständigem Rühren erhitzen, bis der Fond leicht angedickt auf einem Kochlöffel liegen bleibt und sich beim Daraufblasen Kringel bilden, die an die Form einer Rose erinnern. Durch ein Sieb in eine Schüssel gießen. Die gut ausgedrückte Gelatine dazugeben und verrühren. Den Fond im Wasserbad abkühlen lassen und ab und zu umrühren.

In der Zwischenzeit 400 g Sahne steif schlagen, Den abgekühlten Biskuit einmal waagerecht durchschneiden, den unteren Boden auf eine Kuchenplatte legen und mit einem Tortenring umstellen.
Sobald der abgekühlte Fond leicht zu gelieren beginnt, den Rum dazugeben und die geschlagene Sahne vorsichtig unterheben. Die Creme in den Ring füllen, glatt streichen und den zweiten Boden darauf setzen. Die Torte ca. 2 Std. kühl stellen.
Marzipan mit Puderzucker anwirken und dünn ausrollen. Die restliche Sahne steif schlagen. Die Torte aus dem Ring schneiden und rundherum dünn mit der Sahne einstreichen. Mit dem Tortenring einen Marzipandeckel ausstechen und auf die Torte legen. Den Rand unten mit den gerösteten Mandelblättchen bestreuen. Nach Belieben mit Himbeeren auf Sahnetupfen und mit Physalis dekorieren.

Variante
Bayrisch-Creme-Torte mit Beeren

Im Sommer überlege ich mir immer, wie ich das große Angebot aromatischer Früchte in meine Kuchen einbauen kann. Die Bayrisch-Creme-Torte lässt sich leicht zu einer fruchtigen Variante verändern, wenn Sie etwa 150 g frische Himbeeren oder gemischte Beeren mit in die Sahnecreme geben.

Blaubeer-Knusper-Torte

Für den Mürbteig
125 g Butter + Butter für die Form
60 g Zucker
1 Prise Salz
1 Eigelb
250 g Mehl + Mehl für die Form

Für den Marzipanboden
200 g Marzipanrohmasse
70 g Puderzucker
1 Glas Himbeer- oder Johannisbeerkonfitüre (ca. 200 g)
50 g Löffelbiskuit

Für die Fülle
8 Blatt Gelatine
500 g Sahne
150 g Quark
150 g Mascarpone
150 g Natur-Joghurt
50 g Puderzucker
2 EL Zitronensaft
4 EL Amaretto

Für die Garnitur
300 g Blaubeeren
2 Päck. klarer Tortenguss
2 EL Zucker
250 ml Apfelsaft

Backofen auf 180 °C vorheizen. Nach dem Grundrezept aus den Zutaten einen Mürbteig (s. S. 16) herstellen. Dünn ausrollen und zwei Böden mit einem Tortenring ausstechen. Auf gefettete und gestaubte Bleche geben und 7–10 Min. die Böden hell backen, abkühlen lassen.
Für den Marzipanboden Marzipan und Puderzucker geschmeidig kneten, ebenfalls dünn ausrollen und einen Boden in Tortenringgröße ausstechen. Den ersten Mürbteigboden auf eine Kuchenplatte legen und mit etwas Konfitüre bestreichen. Marzipanboden darauflegen, ebenfalls mit Konfitüre bestreichen und mit dem zweiten Mürbteigboden abschließen. Den Tortenring außen herum setzen und alles mit grob zerbröselten Löffelbiskuits bestreuen.
Für die Fülle Gelatine in kaltem Wasser einweichen, die Sahne schlagen. Quark, Mascarpone und Joghurt mit Puderzucker und Zitronensaft verrühren. Die ausgedrückte Gelatine auflösen, den Amaretto dazugießen und unter ständigem Rühren in die Quarkmasse geben. Sobald die Masse leicht zu gelieren beginnt, die geschlagene Sahne unterheben und die Masse in den Tortenring füllen. Etwa 2 Std. kalt stellen.
Die Blaubeeren verlesen und auf der Torte verteilen. Den Guss nach Packungsanweisung aus Zucker, 250 ml Wasser und Apfelsaft zubereiten und über den Beeren verteilen. Evtl. kann etwas Guss übrig bleiben. Die Torte vor dem Anschneiden noch etwas anziehen lassen.

Wenn ich Johannisbeerkonfitüre verwende, passiere ich sie vor dem Bestreichen durch ein Sieb, um die Kerne und evtl. Beerenhäute zu entfernen.

„Himmlische“

Für die Sandmasse
125 g Butter + Butter für die Form
125 g Zucker
2 Eier
75 g Stärke
75 g Mehl + Mehl für die Form
1/2 gestr. TL Backpulver
1 Prise Salz

Für die Baisermasse
240 g Zucker
4 Eiklar
100 g gehobelte Mandeln

Für die Fülle
1 Dose Mandarinen
(Abtropfgewicht ca. 175 g)
250 g Sauerrahm
2 EL Puderzucker
7 Blatt Gelatine
500 g Sahne

Nach dem Grundrezept aus den Zutaten eine Sandmasse (s. S. 22) herstellen, auf zwei gefettete und gestaubte Springformen aufteilen und verstreichen. Backofen auf 175 °C vorheizen. Für die Baisermasse Zucker mit Eiklar steif schlagen und die gehobelten Mandeln unterheben. Baisermasse auf den zwei Sandmasseböden verstreichen und die Böden im vorgeheizten Ofen 20–25 Min. backen, abkühlen lassen.
Die Mandarinen abtropfen lassen, dabei den Saft auffangen. Die Gelatine in reichlich kaltem Wasser einweichen. Sauerrahm mit Puderzucker verrühren. Die ausgedrückte Gelatine in der Mikrowelle oder im Wasserbad auflösen, ca. 60 ml Mandarinensaft dazugeben und mit dem Sauerrahm verrühren. Die Sahne steif schlagen und unter den Sauerrahm heben, die Mandarinen unterrühren.
Einen Baiserboden auf einer Kuchenplatte mit einem Tortenring umstellen, die Sahnecreme einfüllen und verstreichen. Den zweiten Baiserboden in 14 oder 16 Stücke schneiden und auf die Sahne setzen, leicht andrücken. Die Torte mindestens 2 Std. kühlen stellen. Zum Servieren mit Puderzucker bestreuen.
Die „Himmlische“ schmeckt wirklich himmlisch gut. In manchen Gegenden heißt sie auch Bayerwald-Torte.

„Himmlische“ mit Stachelbeeren: Einen Versuch ist´s wert! Anstatt der Mandarinen 150 g Stachelbeeren zur Sahnecreme geben. Wer kein Obst mag, kann die Früchte auch einfach weglassen!

Hefegebackenes

Donnerstag ist bei mir Schmalzgebäcktag

Schon ganz früh morgens brutzeln kleine Hefeteilchen im heißen Fett … Am Donnerstag backe ich Schmalznudeln: immer abwechselnd Kirtanudln, Krapfen, Striezel oder Auszogne. Kirtanudln isst man hauptsächlich am Kirchweihtag, der bei uns auf den dritten Sonntag im Oktober fällt. Aber nicht alle möchten während des restlichen Jahres darauf verzichten. Neben kulinarischen Besonderheiten gibt es an Kirchweih verschiedene Bräuche. Die Kirtahutschn, eine überdimensionale Schaukel, wird amDachbalken einer Scheune befestigt und beschäftigt Kinder und Jugendliche, während die Eltern in Ruhe Kaffee trinken. Kirtanudln werden aus deftigem Hefeteig mit Rosinen gebacken. Aus dem „ganz mageren Hefeteig" machte meine Großmutter immer Striezel und mischte dem Teig ein Drittel Quark unter. Während wir die kleinen Keulchen heute gerne zum Kaffee essen, waren sie früher eine beliebte Beilage zu kräftiger Kartoffelsuppe. Meine Jungs wissen schon, dass am Donnerstag Schmalzgebäcktag ist. Pünktlich um sechs Uhr morgens steht unser kleiner Sohn Ferdinand in der Backstube und fragt: „Mama, wann gibst Krapfen?"

Bienenstich (Foto)

1 Rezept Hefeteig (s. S. 16)

Für den Belag
150 g Butter
150 g Zucker
2 EL Honig
4 EL Sahne
180 g gehobelte Mandeln
1 Rezept Buttercreme (s. S. 24)

Nach dem Grundrezept einen Hefeteig herstellen und gehen lassen. Dann gleichmäßig ausrollen und auf ein gefettetes Backblech geben. Mit einer Gabel mehrmals einstechen, damit der Teig beim Backen keine Blasen wirft.
Den Backofen auf 180 °C vorheizen. Für den Belag Butter mit Zucker, Honig und Sahne aufkochen und kurz köcheln lassen, bis die Masse leicht eindickt. Die Mandeln dazugeben, unterrühren und etwas abkühlen lassen. Die Mandelmasse gleichmäßig auf dem Hefeteig verstreichen und den Kuchen nochmals etwa 10 Min. gehen lassen.
Den Bienenstich im vorgeheizten Ofen 10–15 Min. backen. Die Röstmasse sollte knusprig braun sein, evtl. mit einem Spatel oder einer Tortenschaufel den Boden etwas anheben und kontrollieren, ob er durchgebacken ist. Wenn sich beim Backen Blasen bilden, diese mit einem spitzen Gegenstand, z. B. einem Zahnstocher, leicht anstechen. Nach dem Abkühlen den Bienenstich in zwei Teile schneiden, so tut man sich beim Füllen leichter. Mit einem Sägemesser beide Bienenstichplatten waagerecht durchschneiden und die Deckel mit dem Messer schon leicht in Stücke vorschneiden.
Etwa die Hälfte der Buttercreme auf den Boden streichen, den Deckel darauf legen und in Stücke schneiden. Mit dem Rest Buttercreme das zweite Stück Bienenstich füllen und ebenfalls in Stücke schneiden.

Westfälischer Butterkuchen

1 Rezept Hefeteig (s. S. 16)

Für den Belag
300 g weiche Butter
1 Prise Salz
200 g gehobelte Mandeln
150 g Zucker
1/2 TL Zimt

Nach dem Grundrezept einen Hefeteig herstellen. Dünn ausrollen und auf ein gefettetes Blech geben. Mit einem Geschirrtuch abdecken und an einem warmen Ort etwa 20 Min. gehen lassen.
Den Backofen auf 200 °C vorheizen. Ist der Teig gut aufgegangen, mit den Fingern in geringen Abständen Vertiefungen in den Teig drücken. Die Butter mit Salz schaumig rühren, in einen Spritzbeutel füllen und gleichmäßig kleine Buttertupfen auf die Teigplatte spritzen.
Die gehobelten Mandeln gleichmäßig darauf verteilen. Zucker und Zimt mischen und auf die Mandeln streuen. Den Butterkuchen im vorgeheizten Ofen etwa 5 Min. backen, dann die Hitze auf 180 °C reduzieren und den Kuchen in 8–12 Min. fertig backen.

Gerade für ein Kuchenbuffet oder eine Kaffeetafel schadet es nicht, die Stücke kleiner zu schneiden. Dann kann man auch mal zwei oder drei verschiedene Kuchen probieren. Ich mache das sehr gerne bei Blechkuchen. Die einzelnen Stücke des leicht vorgeschnittenen Bienenstichdeckels nochmals diagonal einritzen und dann schneiden, das ergibt kleine Dreiecke. Wer mag, kann die Kuchenstücke auch in etwa ca. 4 x 4 cm große Quadrate schneiden und in kleine Muffinsförmchen aus Papier setzen. Das sieht sehr nett aus!

Schwäbischer Zwetschgendatschi

Für den Hefeteig
200 ml lauwarme Milch
30 g frische Hefe
400 g Mehl, 80 g Zucker
1 Ei, 2 Eigelbe
80 g weiche Butter + Butter fürs Blech
1 Prise Salz

Für den Belag
1,5 kg Zwetschgen
Zimtzucker

Nach dem Grundrezept aus den Zutaten einen Hefeteig (s. S. 16) herstellen. Inzwischen die Zwetschen waschen, auf einer Längsseite einschneiden, entkernen und die aufgeklappten Hälften nochmals mittig einschneiden. Den Backofen auf 180 °C vorheizen. Den Teig ausrollen, auf ein gefettetes Blech geben und mit einer Gabel mehrmals einstechen, er soll jetzt nicht mehr zu lange gehen bzw. geht während des Belegens. Die Zwetschgen in Reihen ziegelartig auf den leicht aufgegangenen Teig setzen. Sind es ziemlich feste, noch harte Zwetschgen, den Zimtzucker vor dem Backen darüber streuen. Bei sehr reifen, weichen Früchten damit bis nach dem Backen warten, sonst „saften“ die Zwetschgen noch mehr. Den Datschi im vorgeheizten Ofen 20–30 Min. backen. Mit einem Messer den Kuchen etwas anheben und kontrollieren, ob auch der Boden durchgebacken ist. Das ist besonders bei sehr saftigen Früchten wichtig.

Zwetschgendatschi mag ich gerne mit Streuseln. Hier ein Rezept für Amarettini-Streusel, die den Datschi richtig aufpeppen: 240 g Mehl, 65 g Amarettini (ital. Mandelkekse), 120 g Zucker, 160 g zerlassene Butter. Mehl mit den grob zerbröselten Amarettini und Zucker vermischen. Zerlassene Butter dazugeben und alles zu Streuseln verreiben. Vor dem Backen gleichmäßig auf den Zwetschgen verteilen, Datschi wie beschrieben backen.

Variante Apfeldatschi

Für einen Apfeldatschi nehme ich als Belag 6–8 Äpfel statt der Zwetschgen. Die Äpfel schälen, entkernen, achteln und den leicht aufgegangenen Teig damit dicht belegen. Mit Zimtzucker bestreuen und nach Geschmack Rosinen und etwas abgeriebene Zitronenschale darüber geben. Hierfür eignen sich mürbe und mehligere Apfelsorten, wie z. B. Boskop oder Cox Orange. In manchen Obstgärten findet man noch den „Lederapfel“, der sich hervorragend zum Backen eignet. Wer mag, kann den fertig gebackenen Datschi mit aufgekochter Aprikosenkonfitüre aprikotieren oder einfach mit leicht aufgeschlagener Sahne genießen.

Striezel

Für 10–14 Stück
200 ml lauwarme Milch
20 g frische Hefe
500 g Mehl + Mehl zum Kneten
2 Eier
50 g Zucker
50 g weiche Butter + Butter fürs Blech
75 g Sauerrahm
175 g Quark
1 Msp. Salz
Butterschmalz oder Frittierfett zum Ausbacken

Aus etwa einem Drittel der Milch, Hefe und etwas Mehl ein Dampferl herstellen und an einem warmen Ort gehen lassen. Anschließend mit dem restlichen Mehl, Eiern, Zucker, Butter, Sauerrahm, Quark und Salz rasch zu einem Teig verkneten. Gehen lassen, bis der Teig sichtbar an Volumen zugenommen hat.
Den Teig kurz in wenig Mehl durchkneten und zu einer Rolle formen, die etwa den Durchmesser einer Faust hat. Diese etwa „daumendick" flach drücken und mit einer Teigkarte ca. 2 cm breite Streifen abstechen. Die Teigstücke auf einem gefettetem Blech ablegen, zudecken und ca. 10 Min. gehen lassen. Inzwischen die Fritteuse auf ca. 185 °C vorheizen.
Die Striezel vorsichtig in die Fritteuse einlegen und den Deckel etwa 1 Min. schließen. Sobald die Striezel Farbe bekommen haben, auf die andere Seite drehen und in 3–4 Min. fertig backen. Mit einem Schaumlöffel aus dem Fett nehmen und auf einem Gitter abtropfen lassen.

Dazu passt Apfelkompott, die lauwarmen Striezel dann zusätzlich mit Zucker oder Puderzucker bestreuen. Wer mag, kann die Striezel auch kalt zu einer herzhaften Kartoffelsuppe essen

Krapfen

Für den Hefeteig
200 ml lauwarme Milch
40 g frische Hefe
500 g Mehl
50 g Butter + Butter fürs Blech
50 g Zucker
2 Eier
1 Eigelb
1 Msp. Salz

Außerdem:
1 Glas Aprikosenkonfitüre (ca. 250 g)
Puderzucker zum Besieben

Nach dem Grundrezept aus den Zutaten einen Hefeteig (s. S. 16) herstellen und gehen lassen. Nach dem Gehen nochmals durchkneten und zu einer Rolle formen. Mit einer Teigkarte Stücke, etwas größer als Golfbälle, abstechen. Die Teigstücke mit der Hand glatt schleifen (s. S. 156, Rezept Rohrnudeln) und auf ein gefettetes Blech absetzen. Mit einem Tuch abdecken und gehen lassen, bis sich das Volumen der Kugeln fast verdoppelt hat.
Inzwischen die Fritteuse auf 175 °C vorheizen. Die Konfitüre durch ein Sieb passieren und in eine Gebäckspritze oder einen Spritzbeutel jeweils mit langer Fülltülle einfüllen.
Die aufgegangenen Teiglinge in die heiße Fritteuse einlegen und den Deckel etwa 1 Min. schließen. Sobald die Krapfen eine schöne Farbe bekommen haben, auf die andere Seite drehen und 3–4 Min. fertig backen. Mit einem Schaumlöffel aus dem Fett nehmen und auf einem Gitter abtropfen lassen. Noch heiß mit der Konfitüre füllen und mit Puderzucker besieben.

Nusszopf

Für den Hefeteig
250 g lauwarme Milch
30 g frische Hefe
500 g Mehl
75 g Zucker
3 Eier
1/2 TL Salz
75 g weiche Butter

Für die Nussfülle
200 ml + 3 EL Milch
150 g Zucker
350 g gemahlene Haselnüsse
2 TL Honig
1/2 TL Zimt
2 EL Aprikosenkonfitüre
3 EL Rum nach Geschmack
1 Eigelb

Nach dem Grundrezept aus den Zutaten einen Hefeteig (s. S. 16) herstellen.
Für die Fülle 200 ml Milch mit dem Zucker aufkochen und über die Nüsse geben. Honig, Zimt und Aprikosenkonfitüre einrühren und nach Geschmack Rum dazugeben, abkühlen lassen.
Den aufgegangenen Teig zusammendrücken und etwa 5–8 mm dick zu einem Rechteck ausrollen. Die abgekühlte Nussfüllung mit einer Palette oder einem Teigschaber auf dem Teig verstreichen. Mit einem Messer das Teigstück der Länge nach in zwei Teile schneiden. Die zwei Teile jeweils längs zu einer Roulade aufrollen und mit einem Messer in der Mitte 1–2 cm tief einschneiden. Die zwei geöffneten Stränge miteinander zu einem Zopf verschlingen und diesen auf ein mit Backpapier belegtes Backblech setzen.
Den Backofen auf 175 °C vorheizen. Den Zopf mit einem Tuch abdecken und nochmals etwa 15 Min. gehen lassen. Vor dem Backen das Eigelb mit 3 EL Milch verquirlen und den Nusszopf damit bestreichen. Den Zopf im vorgeheizten Ofen 25–35 Min. backen.

Das Rezept ergibt einen schönen großen Zopf; wer kleinere Bleche hat, sollte besser zwei kleine Zöpfe backen.

Variante Apfelzopf

Etwa 4–5 Äpfel schälen, entkernen und grob raspeln. Mit etwas Zimtzucker, abgeriebener Zitronenschale und Rosinen nach Geschmack mischen. Apfelmischung anstelle der Nussfülle auf dem ausgerollten Teig verteilen und wie beim Nusszopf weiter arbeiten.

Variante Mohnzopf (Foto)

Mohnfüllung zubereiten wie für den Mohnblechkuchen (s. S. 60) und anstelle der Nussfülle aufstreichen, den Zopf wie beim Nusszopf fertigstellen. Evtl. nach dem Backen mit aufgekochter Aprikosenkonfitüre bestreichen bzw. aprikotieren. Mohnzopf mit Puderzucker bestreuen.

Wähe mit Kirschen

Für den Hefeteig
500 g Mehl
30 g frische Hefe
250 g lauwarme Milch
75 g Zucker
75 g weiche Butter
1/2 TL Salz
3 Eier

Für die Schmandmasse
1 Päck. Vanille-Puddingpulver
400 ml Milch
1 EL + 90 g Zucker
300 g Schmand
1 Prise Salz
1/2 TL Zitronenabrieb
1 Ei

Außerdem
Butter für die Form
1–2 Gläser Kirschen (Abtropfgewicht je ca. 370 g)

Nach dem Grundrezept aus den Zutaten einen Hefeteig (s. S. 16) herstellen und gehen lassen, bis sich das Teigvolumen fast verdoppelt hat.
Für die Schmandmasse einen Pudding nach Packungsanweisung mit nur 400 ml Milch und 1 EL Zucker zubereiten und etwas abkühlen lassen. Mit Schmand, übrigem Zucker, Salz, Zitronenschale und Ei verrühren.
Den aufgegangenen Teig zusammendrücken, etwa 450 g davon abwiegen, ausrollen und in eine gefettete Tarteform (ca. 32 cm Ø) legen. Einen Rand von etwa 1 cm hochdrücken und mit einer Gabel mehrmals einstechen. Zudecken und nochmal abgedeckt 15 Min. gehen lassen.
Den Backofen auf 175 °C vorheizen. Die Schmandmasse vorsichtig auf den Teig streichen und mit den abgetropften Kirschen belegen. Die Kirschwähe im vorgeheizten Ofen 30–40 Min. backen.

Für diese Wähe würde es reichen, einen Hefeteig aus ca. 200 g Mehl zuzubereiten. Ich mache trotzdem immer eine größere Menge und friere den restlichen Teig ein. Falls ich mal nicht so viel Zeit habe, taue ich den Teig einfach auf, belege ihn mit Apfelspalten oder anderem Obst und bestreue ihn mit etwas Zimtzucker – und schon steht nach kurzer Zeit ein leckerer Kuchen auf dem Tisch. Am besten legt man den gefrorenen Teig am Abend vorher in den Kühlschrank, dann kann er über Nacht auftauen und gleich in der Früh verarbeitet werden.

Wer mag, gibt noch 50 g gemahlenen Mohn in die Schmandmasse – für Kirsch-Mohn-Wähe (s. Foto)

Kärntner Reindling

Für den Hefeteig
250 ml lauwarme Milch
40 g frische Hefe, 500 g Mehl
100 g weiche Butter
100 g Zucker, 1 Ei, 3 Eigelbe
1 TL Salz, Zitronenabrieb

Für die Fülle
250 ml Milch
1/2 EL + 170 g Zucker
1/2 Päck. Vanille-Puddingpulver
1/2 TL Zimt
200 g gehackte Haselnüsse
150 g Rosinen
50 g zerlassene Butter +
Mehl für die Form

Nach dem Grundrezept aus den Zutaten einen Hefeteig (s. S. 16) herstellen und gehen lassen.
Für die Fülle aus Milch, 1/2 EL Zucker und dem Puddingpulver nach Packungsanleitung einen Pudding kochen und abkühlen lassen. Den Backofen auf 160 °C vorheizen. Den Teig dünn zu einem Rechteck ausrollen. 170 g Zucker mit dem Zimt mischen. Den Teig mit dem abgekühlten Pudding bestreichen und mit Zimtzucker, Nüssen und Rosinen bestreuen. Die zerlassene Butter darüber träufeln. Den Teig der Länge nach zu einer Roulade aufrollen und in eine gefettete und gestaubte Kranzform geben. Den Kuchen in den vorgeheizten Ofen schieben und 45–55 Min. backen.

Der Reindling ist ein traditionelles Osterrezept aus Kärnten, dazu wurden früher Schinken und Eier gegessen, und kommt heute aber das ganze Jahr über auf den Tisch. Das Reindl, die Kranzform, in dem er gebacken wurde, war früher meist mit christlichen Motiven verziert. Es gibt aber auch Rezepte, die die Reindling-Roulade einfach als Schnecke geformt in eine Springform setzen.

Striezel mit Mohn und Powidl

Für den Hefeteig
250 g lauwarme Milch
30 g frische Hefe
500 g Mehl
75 g Zucker, 3 Eier
1/2 TL Salz
75 g weiche Butter

Für die Fülle
1/2 Rezept Mohnfüllung (s. S. 60)
1 Glas Powidl (Pflaumenmus; ca. 300 g)
1 Eigelb
3 EL Milch

Nach dem Grundrezept aus den Zutaten einen Hefeteig (s. S. 16) herstellen. Den Hefeteig abgedeckt an einem warmen Ort gehen lassen, nach dem Gehen nochmals kurz durchkneten und auf der Arbeitsfläche rechteckig ausrollen.
Die Teigplatte zuerst mit der Mohnmasse bestreichen, dann den Powidl darauf geben und ebenfalls verstreichen. Den Teig der Länge nach halbieren und zu zwei Rouladen aufrollen. Beide Teigstränge ca. 2 cm tief einschneiden, zu einem Zopf verschlingen und auf ein mit Backpapier belegtes Blech setzen.
Den Backofen auf 175 °C vorheizen. Den Zopf mit einem Tuch abdecken und nochmals ca. 20 Min. gehen lassen. Eigelb mit Milch verquirlen und den Striezel damit bestreichen. Den Striezel im vorgeheizten Ofen 30–40 Min. backen.

Dresdner Eierschecke

Für den Hefeteig
200 ml lauwarme Milch
30 g frische Hefe
400 g Mehl
80 g Zucker
1 Ei, 2 Eigelbe
80 g weiche Butter + Butter fürs Blech
1 Msp. Salz

Für die Quarkmasse
2 Eier
120 g Zucker
1 Prise Salz
500 g Quark
1 TL Zitronenabrieb

Für die Butter-Eier-Masse
175 g weiche Butter
150 g Zucker
ausgekratztes Mark von
1/2 Vanilleschote
4 Eier
2 EL Mehl

Außerdem
100 g gehobelte Mandeln

Aus etwa einem Drittel der Milch, der Hefe und etwas Mehl ein Dampferl herstellen. Mit einem Tuch abdecken und an einem warmen Ort etwa 15 Min. reifen lassen.
Das Dampferl mit der restlichen Flüssigkeit und dem übrigen Mehl, Zucker, Ei und Eigelben, Salz, Butter und Zitronenschale mischen. Den Teig mit den Händen oder den Knethaken des Rührgeräts glatt arbeiten und so lange kneten, bis er sich von der Schüsselwand löst und nicht mehr klebrig ist. Falls der Teig zu weich ist, noch etwas Mehl dazugeben. Vor dem Verarbeiten nochmals zugedeckt etwa 20 Min. gehen lassen.
Für die Quarkmasse Eier mit Zucker und Salz schaumig rühren. Quark und Zitronenschale einrühren und die Masse auf dem Hefeteig verstreichen. Den Backofen auf 170 °C vorheizen.
Für die Butter-Eier-Masse Butter mit Zucker und Vanillemark schaumig schlagen. Die Eier nach und nach dazugeben. Dazwischen immer etwas Mehl einrühren, damit eine glatte Masse entsteht. Vorsichtig auf die Quarkmasse geben und gleichmäßig verstreichen. Den Kuchen mit Mandelblättchen bestreuen und im vorgeheizten Ofen 30–40 Min. backen.

Eierschecke ist ein Blechkuchen, den es traditionell in den Regionen Sachsen und Thüringen gibt.

Ein schönes Zitat von Erich Kästner: „Die Eierschecke ist eine Kuchensorte, die zum Schaden der Menschheit auf dem Rest des Globus unbekannt geblieben ist."

Kleckselkuchen

Für den Hefeteig
200 ml lauwarme Milch
30 g frische Hefe
400 g Mehl
80 g Zucker
1 Ei
2 Eigelbe
80 g weiche Butter + Butter fürs Blech
1 Msp. Salz

Für die Quarkmasse
80 g weiche Butter
100 g Zucker
3 Eigelbe
1 EL Mehl
1 TL Zitronenabrieb
500 g Quark

Für die Mohnmasse
125 ml Milch
50 g Butter
220 g gemahlener Mohn
75 g Zucker
60 g Biskuitbrösel (s. S. 36)
1/2 TL Zimt

Außerdem
4–5 Äpfel
3 EL Zitronensaft
2 EL Zucker
1 Prise Zimt
50 g Rosinen

Nach dem Grundrezept aus den Zutaten einen Hefeteig (s. S. 16) herstellen und gehen lassen. Nach dem Gehen ausrollen und ein gefettetes Backblech damit auslegen.
Für die Quarkmasse Butter mit Zucker schaumig rühren und nach und nach die Eigelbe einrühren. Mehl, Zitronenschale und Quark unterheben. Auf dem Hefeteig gleichmäßig verstreichen. Für die Mohnmasse die Milch mit Butter aufkochen und über den gemahlenen Mohn gießen. Zucker, Brösel und Zimt einrühren und gut vermischen.
Den Backofen auf 175 °C vorheizen. Die Äpfel schälen, entkernen und in kleine Würfel schneiden. Mit Zitronensaft und Zucker kurz andünsten, Zimt und Rosinen untermischen. Mohnmasse und Äpfel als „Klecksel“ auf dem Kuchen bzw. der Quarkmasse verteilen. Den Kleckselkuchen im vorgeheizten Ofen 30–40 Min. backen.

Sehr gut schmeckt der Kuchen auch, wenn Sie noch zusätzlich Pflaumenmus (Powidl) als „Klecksel“ auf dem Kuchen verteilen.

Flammkuchen

Für den Hefeteig
200 g Mehl
1 TL Salz
1 EL Öl
5 g frische Hefe

Für den Belag
2 Zwiebeln
150 g Wammerl (durchwachsener Bauchspeck)
200 g Schmand
50 g Sahne
Salz, Pfeffer
Schnittlauch oder Petersilie

In der Küchenmaschine mit dem Knethaken aus Mehl, Salz, Öl, Hefe und 120 ml lauwarmem Wasser einen glatten, geschmeidigen Teig herstellen. Dafür die Hefe fein zerbröseln und mit den restlichen Zutaten vermischen – ein Aufschlämmen der Hefe ist hier nicht nötig. Den Teig zugedeckt an einem warmen Ort etwa 30 Min. ruhen lassen.
Für den Belag die Zwiebeln schälen und in Würfel schneiden. Den Speck in feine Streifen schneiden. Schmand mit Sahne verrühren und mit Salz und Pfeffer abschmecken.
Den Backofen auf 210 °C vorheizen. Den Teig sehr dünn ausrollen und auf ein mit Backpapier belegtes Backblech geben. Mit der Schmandmischung bestreichen und mit Zwiebeln, Speck und Kräutern bestreuen. Den Flammkuchen im vorgeheizten Ofen 10–15 Min. backen, bis der Boden knusprig, aber nicht zu dunkel ist.

Für den Flammkuchen habe ich sehr leckere Varianten:

1 rote Paprika und 1 rote Zwiebel würfeln, 1 Stück Chorizo (span. scharfe Salami) sehr fein schneiden. Alles auf der Schmandmasse verteilen. Nach Geschmack noch 50 g Bergkäse darüberreiben und/oder Chiliflocken darüberstreuen.

1 Stange Lauch in feine Ringe schneiden und kurz andünsten, mit Salz und Pfeffer abschmecken und auf dem Schmand verteilen.
2 Scheiben Räucherlachs in feine Streifen schneiden und über dem Lauch verteilen.

Für einen süßen Flammkuchen 2 Äpfel schälen, entkernen und in kleine Würfel schneiden. Den Schmand anstelle von Salz und Pfeffer mit etwas Vanillezucker und Zitronenabrieb abschmecken. Die Äpfel auf dem Schmand verteilen und dick mit Zimtzucker bestreuen.

Strudelvielfalt

Omas Strudel-Workout

Zimtig-fruchtig duftender Apfelstrudel mit schaumiger Vanillesoße übergossen ließ unsere Herzen früher höher schlagen. Ich erinnere mich an die Vormittage zurück, als meine Oma für uns Strudel machte. Sie stellte den großen quadratischen Tisch in die Mitte der Küche. Über den Tisch breitete sie ein großes grobes Leinentuch, das mit etwas Mehl bestäubt als Unterlage für den hauchzarten Strudelteig diente. Bevor sie aber den Teigkloß soweit auseinanderziehen konnte, dass er den ganzen Tisch überspannte, musste seine Konsistenz perfekt sein. Omas Trick war kurz und knapp: „… bis er Zungen schlägt“, erklärte sie und schlug die kleinen Teiglinge so lange auf die Arbeitsfläche, bis sie die Form von Zungen annahmen. Erst dann hatte der Kleber im Weizenmehl die Masse so elastisch gemacht, dass er langsam von einer Tischecke zur nächsten gezogen werden konnte und am Ende durchsichtig und hauchfein war. Dann bedeckte sie den ganzen Teig mit Äpfeln, Bröseln, Zimt und Zucker, oder mit einer feinen Quarkmasse, die mit Rosinen gespickt war. Das Leinentuch half ihr am Ende, den Strudel gleichmäßig aufzurollen. Wir verfolgten das Spektakel aus sicherem Abstand – für uns Kinder war der Strudelgenuss noch lange damit verbunden, dass die Oma dabei ganz viel Lärm macht.

Wiener Millirahmstrudel

Für 2 Strudel
350 g Mehl
3 EL neutrales Öl
1/2 TL Salz
1 Ei

Für die Fülle
130 g weiche Butter + Butter für die Form
170 g Zucker
5 Eigelbe
500 g Quark
500 g Sauerrahm
2 EL Mehl
Abrieb von 1 Zitrone
5 Eiklar
1 Prise Salz
350 ml Milch
1 Ei

Nach dem Grundrezept aus den Zutaten einen Strudelteig (s. S. 20) herstellen.
Für die Fülle die Butter mit 70 g Zucker schaumig schlagen und die Eigelbe nach und nach dazugeben. Quark und Sauerrahm nach und nach unterrühren, Mehl und Zitronenabrieb dazugeben. Aus Eiklar, 100 g Zucker und Salz einen schmierigen Eischnee herstellen und unter die Quarkmasse heben.
Die erste Hälfte des Strudelteigs auf einem Küchentuch ausziehen und mit der Hälfte der Quarkfülle bestreichen. Dabei am unteren Ende einige Zentimeter frei lassen, so läuft nach dem Aufrollen keine Fülle aus. Die Seitenränder wenige Zentimeter nach innen schlagen und den Strudel mit dem Tuch vorsichtig aufrollen. Der Abschluss sollte nach oben zeigen, das Tuch an den Längsseiten zusammenraffen und den Strudel in eine gefettete Reine oder Auflaufform stürzen.
Backofen auf 170 °C vorheizen. Den zweiten Strudel genauso verarbeiten und neben den ersten in die Reine stürzen. Die Milch mit dem Ei verquirlen, die Strudel mit ca. einem Drittel davon übergießen und im vorgeheizten Ofen 40–50 Min. backen. Mit der restlichen Eiermilch während des Backens immer wieder aufgießen.

Wer mag, kann noch Rosinen oder 3 altbackene, in Würfel geschnittene Semmeln, die in einer Tasse Milch eingeweicht wurden, mit in die Fülle geben.

Apfelstrudel (Foto)

1 Rezept Strudelteig (s. S. 20)

Für die Fülle
ca. 2,5 kg Äpfel
100 g Rosinen
100 g gehackte Haselnüsse
Abrieb von 1 Zitrone
100 g Zimtzucker
100 g zerlassene Butter

Nach dem Grundrezept aus den Zutaten einen Strudelteig herstellen.
Die Äpfel schälen, entkernen und in Würfel schneiden. Mit Rosinen, Nüssen, Zitronenabrieb und Zimtzucker mischen.
Aus Strudelteig und Fülle wie oben beschrieben zwei Strudel formen und in einer Reine backen. Der Apfelstrudel wird nicht mit Eiermilch übergossen.

Wenn ich Apfelstrudel backe, verwende ich die Apfelsorte „Kaiser Wilhelm" aus unserem Obstgarten – ein Apfel, der sich gut lagern lässt. Aber ein Strudel aus dem Fallobst verschiedenster Apfelsorten schmeckt sicher genauso gut!
Außerdem gehört für meinen Sohn Simon zum Apfelstrudel immer reichlich Vanillesauce dazu (s. S. 156)!

Rhabarberstrudel

Für 2 Strudel
350 g Mehl
3 EL neutrales Öl
1/2 TL Salz
1 Ei

Für die Fülle
ca. 1 kg Rhabarber
6 Scheiben Toastbrot
1 Päck. Vanille-Puddingpulver
80 g gemahlene geschälte Mandeln
120 g Zucker
Abrieb von 1 Zitrone
100 g zerlassene Butter

Nach dem Grundrezept aus den Zutaten einen Strudelteig (s. S. 20) herstellen.
Den Rhabarber schälen, in Würfel schneiden und zu gleichen Teilen auf zwei Schüsseln aufteilen. Toastbrot in kleine Würfel schneiden und auf beide Schüsseln aufteilen. Puddingpulver, Mandeln, Zucker und Zitronenabrieb ebenfalls halbieren und auf beide Schüsseln aufteilen. Jeden Schüsselinhalt gut vermischen.
Die erste Hälfte des Teigs auf einem Küchentuch ausziehen, mit etwas Butter beträufeln und eine Schüssel Rhabarberfülle darauf verteilen. Die Seitenränder wenige Zentimeter nach innen schlagen und den Strudel mit dem Tuch vorsichtig aufrollen. Der Abschluss sollte nach oben zeigen, das Tuch an den Längsseiten zusammenraffen und den Strudel in eine gefettete Reine oder Auflaufform stürzen.
Backofen auf 170 °C vorheizen. Den zweiten Strudel genauso fertigstellen und neben den ersten in die Reine stürzen. Mit Butter bestreichen und im vorgeheizten Ofen 35–45 Min. backen.

Sehr gut schmeckt der Rhabarberstrudel, wenn ich noch 2–3 Äpfel feinblättrig schneide und unter die Fülle mische. Nochmals abschmecken und evtl. etwas mehr Zimtzucker untermengen.

Zwetschgenstrudel (Foto)

1 Rezept Strudelteig (s. S. 20)

Für die Fülle
ca. 1,2 kg entsteinte, halbierte Zwetschgen
120 g Zimtzucker
1 Päck. Vanille-Puddingpulver
200 g Biskuitbrösel (s. S. 36)
80 g gemahlene Haselnüsse
100 g zerlassene Butter

Nach dem Grundrezept aus den Zutaten einen Strudelteig (s. S. 20) herstellen.
Die Zwetschgen auf zwei Schüsseln aufteilen. Zimtzucker, Puddingpulver, Biskuitbrösel und Nüsse ebenfalls halbieren und auf die beiden Schüsseln aufteilen.
Die erste Hälfte des Teigs auf einem Küchentuch ausziehen, mit etwas Butter beträufeln und eine Schüssel Zwetschgenfülle darauf verteilen. Die Seitenränder wenige Zentimeter nach innen schlagen und den Strudel mit dem Tuch vorsichtig aufrollen. Der Abschluss sollte nach oben zeigen, das Tuch an den Längsseiten zusammenraffen und den Strudel in eine gefettete Reine oder Auflaufform stürzen.
Backofen auf 170 °C vorheizen. Den zweiten Strudel genauso fertigstellen und neben den ersten in die Reine stürzen. Mit Butter bestreichen und im vorgeheizten Ofen 35–45 Min. backen.

Blaubeerstrudel

Für 2 Strudel
350 g Mehl
3 EL neutrales Öl
1/2 TL Salz
1 Ei

Für die Fülle
ca. 1 kg Blaubeeren
200 g rote Johannisbeeren
8 Scheiben Toastbrot
1 Päck. Vanille-Puddingpulver
200 g Zucker
100 g zerlassene Butter

Nach dem Grundrezept aus den Zutaten einen Strudelteig (s. S. 20) herstellen.
Die Beeren verlesen und auf zwei Schüsseln aufteilen. Toastbrot in kleine Würfel schneiden und zu gleichen Teilen auf die beiden Schüsseln aufteilen. Ebenso Puddingpulver und Zucker aufteilen. Jeden Schüsselinhalt gut vermischen. Die erste Hälfte des Teigs auf einem Küchentuch ausziehen, mit etwas Butter beträufeln und eine Schüssel Blaubeermischung darauf verteilen. Die Seitenränder wenige Zentimeter nach innen schlagen und den Strudel mit dem Tuch vorsichtig aufrollen. Der Abschluss sollte nach oben zeigen, das Tuch an den Längsseiten zusammenraffen und den Strudel in eine gefettete Reine oder Auflaufform stürzen.
Backofen auf 170 °C vorheizen. Den zweiten Strudel genauso fertigstellen und neben den ersten in die Reine stürzen. Mit Butter bestreichen und im vorgeheizten Ofen 30–40 Min. backen.

Zum Blaubeerstrudel schmeckt halbsteif geschlagene Sahne sehr gut!

Variante
Strudeltascherln mit Johannisbeeren (Foto)

Die Strudeltascherl backe ich manchmal auch in Muffinformen. Dafür die Teigenden nicht übereinander schlagen, sondern leicht zusammendrehen, und die Tascherl in die Vertiefungen einer gefetteten Muffinform setzen.

Nett für eine Einladung sind auch die kleinen Strudeltascherln, die man gut aus fertigem Filoteig herstellen kann. Dafür immer 2 Teigblätter dünn mit Butter bestreichen, übereinander legen und leicht andrücken. Je nach Größe der Strudelblätter Quadrate von ca. 20 x 20 cm schneiden. Für die Fülle 100 g weiche Butter mit 2 EL Zucker schaumig schlagen, 3 Eigelbe nach und nach dazugeben. Aus 3 Eiklar, 2 EL Zucker und 1 Prise Salz Eischnee schlagen und unterheben. 3 EL Mehl und ca. 250 g Johannisbeeren unterheben. Auf mit Backpapier belegte Bleche setzen und mit Butter dünn bestreichen. Bei 170 °C im vorgeheizten Ofen 20–25 Min. backen.

Aprikosen-Mandel-Strudel

Für 2 Strudel
350 g Mehl
3 EL neutrales Öl
1/2 TL Salz
1 Ei

Für die Fülle
2 Dosen Aprikosen
(Abtropfgewicht je ca. 480 g)
300 g weiche Butter
120 g Puderzucker
8 Eigelbe
120 g Schmand
8 Eiklar
100 g Zucker
1 Prise Salz
300 g gemahlene geschälte Mandeln
100 g zerlassene Butter

Nach dem Grundrezept aus den Zutaten einen Strudelteig (s. S. 20) herstellen.
Aprikosen abtropfen lassen und in Streifen schneiden. Butter und Puderzucker schaumig schlagen. Nach und nach die Eigelbe, zuletzt den Schmand dazugeben und verrühren. Das Eiklar mit Zucker und Salz zu steifem Schnee schlagen und unter die Buttermasse heben. Die Mandeln vorsichtig unterheben.
Die erste Hälfte des Teigs auf einem Küchentuch ausziehen, mit etwas Butter beträufeln und etwa die Hälfte der Mandelmasse darauf verstreichen, dabei am unteren Ende einige Zentimeter frei lassen. Ebenfalls die Hälfte der in Streifen geschnittenen Aprikosen darauf verteilen. Die Seitenränder wenige Zentimeter nach innen schlagen und den Strudel mit dem Tuch vorsichtig aufrollen. Der Abschluss sollte nach oben zeigen, das Tuch an den Längsseiten zusammenraffen und den Strudel in eine gefettete Reine oder Auflaufform stürzen.
Backofen auf 170 °C vorheizen. Den zweiten Strudel genauso fertigstellen und neben den ersten in die Reine stürzen. Mit Butter bestreichen und im vorgeheizten Ofen 35–45 Min. backen.

Diesen Strudel bereite ich auch gerne mit kernlosen Weintrauben anstelle von Aprikosen zu.

Wenn ich frische Aprikosen habe, kommen die in den Strudel: Etwa 1,2 kg blanchieren, häuten und entkernen. Dann in Streifen schneiden und wie oben beschrieben verarbeiten.

Schokoladenstrudel

Für 2 Strudel
350 g Mehl
3 EL neutrales Öl
1/2 TL Salz
1 Ei

Für die Fülle
7 Eigelbe
110 g Zucker
7 Eiklar
1 Prise Salz
150 g fein geriebene Kuvertüre
50 g Mehl
100 g gemahlene Mandeln
100 g zerlassene Butter

Nach dem Grundrezept aus den Zutaten einen Strudelteig (s. S. 20) herstellen.
Für die Fülle die Eigelbe mit 50 g Zucker schaumig schlagen. Eiklar, 60 g Zucker und Salz zu einem schmierigen Schnee schlagen. Mit der Eigelbmasse mischen und Kuvertüre, Mehl und Mandeln vorsichtig unterheben.
Die erste Hälfte des Teigs mit einem Küchentuch ausziehen und ca. die Hälfte der Schokoladenmasse auf nur einem Drittel des Teigs der Länge nach verstreichen, den restlichen Teig mit Butter bestreichen. Die Seitenränder wenige Zentimeter nach innen schlagen und den Strudel von der Schokoladenseite her mit dem Tuch vorsichtig aufrollen. Der Abschluss sollte nach oben zeigen, das Tuch an den Längsseiten zusammenraffen und den Strudel in eine gefettete Reine oder Auflaufform stürzen.
Backofen auf 170 °C vorheizen. Den zweiten Strudel genauso fertigstellen und neben den ersten in die Reine stürzen. Mit Butter bestreichen und im vorgeheizten Ofen 25–35 Min. backen.

Zum Schokostrudel passt für meinen Geschmack eine Himbeersauce sehr gut: Dafür 500 g Himbeeren pürieren und mit etwa 300 ml Wasser, 2–3 EL Zucker (je nach Süße der Beeren) und dem Saft von 1/2 Zitrone aufkochen. 1 TL Stärke mit etwas kaltem Wasser anrühren und in die kochende Himbeersauce rühren, nochmals aufkochen lassen. Zum Servieren in ein anderes Gefäß füllen.

Genauso lässt sich übrigens eine Sauce aus gemischten Beeren zubereiten.

Kürbisstrudel

Für 2 Strudel
350 g Mehl
3 EL neutrales Öl
1/2 TL Salz
1 Ei

Für die Fülle
750 g Kürbisfleisch
2 mittelgroße Karotten
1 orange oder rote Paprika
(1 große oder 2 kleine)
2 Süßkartoffeln
2 Zwiebeln
1 Knoblauchzehe
6 EL Öl
Salz, Pfeffer
Paprika, Curry, Muskat
4 EL Kräuterfrischkäse
1 Bund gemischte gehackte Kräuter,
z. B. Schnittlauch, Petersilie,
Basilikum, Oregano
100 g geriebener Parmesan
5 EL Sahne

Nach dem Grundrezept aus den Zutaten einen Strudelteig (s. S. 20) herstellen. Das Gemüse putzen und in feine Würfel schneiden. Alles sollte etwa gleich groß sein.
Die Zwiebeln etwa 3 EL Öl glasig dünsten, Gemüsewürfel und Knoblauch dazugeben. Mit Salz, Pfeffer, Paprika, Curry und 2 Prisen Muskat gut abschmecken. Kürbis muss gut gewürzt werden, er schmeckt sonst schnell fad. Kräuterfrischkäse, gehackte Kräuter und Parmesan untermischen und alles abkühlen lassen.
Die erste Hälfte des Teigs auf einem Küchentuch ausziehen, mit Sahne bestreichen und eine Hälfte der Gemüsefülle darauf verteilen. Die Seitenränder wenige Zentimeter nach innen schlagen und den Strudel mit dem Tuch vorsichtig aufrollen. Der Abschluss sollte nach oben zeigen, das Tuch an den Längsseiten zusammenraffen und den Strudel auf ein mit Backpapier ausgelegtes Backblech stürzen.
Backofen auf 175 °C vorheizen. Den zweiten Strudel genauso fertigstellen und ebenfalls auf das Backblech stürzen. Mit dem restlichen Öl bestreichen und im vorgeheizten Ofen 35–45 Min. backen.

Zum Kürbisstrudel schmeckt eine Joghurtsauce aus Natur-Joghurt mit fein gehackten Kräutern, etwas Knoblauch, Salz und Pfeffer.

Das Strudelrezept stammt von meiner Tante Theresia. Mit viel Freude am Kochen kreiert sie immer wieder neue Rezepte. Und wir freuen uns immer sehr über ihre leckeren Kostproben!

Variante
Süßer Kürbisstrudel (Foto)

Kürbis lässt sich sowohl pikant als auch süß verarbeiten: Für einen süßen Strudel das Kürbisfleisch in kleine Stücke schneiden. Mit Honig und oder Zucker süßen, einen ordentlichen Schuss Rum dazugießen und über Nacht ziehen lassen. Am Backtag Butter schmelzen, Semmelbrösel darin anrösten, etwas Zimtzucker dazugeben. Den Kürbissaft abgießen, mit den Butterbröseln vermischen, evtl. nochmal abschmecken und auf dem ausgezogenen Strudelteig verteilen und aufrollen. Fertigstellen wie oben beschrieben und zum Servieren mit Puderzucker bestreuen.

Gemüsestrudel

1 Rezept Strudelteig (s. S. 20)

Für die Fülle
300 g gehobeltes Weißkraut
2 rote Paprika, in Streifen
1 Stange Lauch, in Ringen
250 g Champignons, in Scheiben
300 g Kartoffeln, in Scheiben
3 Karotten, in Scheiben
1 Brokkoli, in Röschen
3 EL Öl + Öl zum Bestreichen
2 Eier
100 g Sauerrahm
3–4 EL gehackte Kräuter
Salz, Pfeffer, Paprika, Chili
200 g geriebener Käse

Nach dem Grundrezept einen Strudelteig herstellen.
Das vorbereitete Gemüse in Öl bissfest dünsten. Die Eier und den Sauerrahm untermischen, die Kräuter dazugeben und alles gut würzig abschmecken. Die erste Hälfte des Teigs auf einem Küchentuch ausziehen und eine Hälfte der Gemüsefülle darauf verteilen, 100 g Käse darüber streuen. Die Seitenränder wenige Zentimeter nach innen schlagen und den Strudel mit dem Tuch vorsichtig aufrollen. Der Abschluss sollte nach oben zeigen, das Tuch an den Längsseiten zusammenraffen und den Strudel auf ein mit Backpapier ausgelegtes Backblech stürzen.
Backofen auf 175 °C vorheizen. Den zweiten Strudel genauso fertigstellen und ebenfalls auf das Backblech stürzen. Mit Öl bestreichen und bei im vorgeheizten Ofen 35–45 Min. backen.

Für diesen Strudel eignet sich auch jedes andere Gemüse. Wenn mir z. B. die Zucchini im Garten schon etwas groß geraten sind, kann ich sie noch gut für diesen Strudel verwenden (allerdings die Kerne entfernen). Tomaten machen die Füllung zu wässrig.

Spinat-Hackfleisch-Strudel

1 Rezept Strudelteig (s. S. 20)

Für die Fülle:
ca. 1 kg Blattspinat
Salz, 1 große Zwiebel
2 Knoblauchzehen
3 EL neutrales Öl + Öl zum Bestreichen
750 g Lammhackfleisch
3 EL gehackte Petersilie
3 EL gehackter Dill
Pfeffer, Muskat, Cayenne
200 g Schafskäse

Nach dem Grundrezept einen Strudelteig herstellen.
Den Spinat verlesen, in kochendem Salzwasser blanchieren, abgießen, mit kaltem Wasser abschrecken und grob hacken. Zwiebel und Knoblauch schälen und fein hacken. Das Öl in einer Pfanne heiß werden lassen, Zwiebeln und Knoblauch darin glasig anschwitzen. Hackfleisch dazugeben und ebenfalls anschwitzen, aber nicht braun werden lassen. Spinat und Kräuter dazugeben und alles gut vermischen. Mit Salz, Pfeffer, Muskat und Cayenne würzig abschmecken und etwas abkühlen lassen.
Aus Teig und Fülle wie oben beschrieben zwei Strudel formen und im vorgeheizten Ofen 25–35 Min. backen.

Pikante Strudel lassen sich auf alle erdenkliche Weisen füllen (s. Foto) – sie eignen sich gut für ein Fest.

Kleingebäck: klein, aber oho

Mitbringsel aus der Backstube

Man hat immer zu wenig Zeit: Es herrscht Hektik, die Arbeit ist stressig und der Haushalt bleibt auch noch zu erledigen. Die Wochen vergehen wie im Fluge und, wenn dann am Wochenende Einladungen vor der Tür stehen, hat man noch gar kein Geschenk. Schnell kauft man noch eine Kleinigkeit … Dabei gibt es kleine Naschereien, die immer gut gelingen und jedem schmecken. Selbst gemachte Mitbringsel bereiten Freude, sie zeigen, dass man sich Gedanken gemacht und Zeit investiert hat. Kleingebäck bietet sich hier an. Plunder- oder Blätterteig lassen sich mit den verschiedensten Füllungen versüßen – ob Quark, Äpfel, Mohn oder Schokolade oder doch lieber deftig mit Käse und Schinken. Der Fantasie sind keine Grenzen gesetzt. Am liebsten nehme ich zwei oder drei verschiedene Gebäcksorten, dann ist für jeden Geschmack etwas dabei. Noch ein Vorteil: Kleingebäck ist schnell zubereitet. Vor allem, wenn man tiefgekühlten Plunderteig verwendet, den man in größeren Mengen vorbereiten und portionsweise einfrieren kann.

Klosterkipferl (Foto)

Für den Plunderteig
1 Rezept Hefeteig (s. S. 16)
250 g Butter
ca. 2 EL Mehl

Außerdem
400 g Mehl
240 g zerlassene Butter
120 g Zucker
2 EL gemahlene Mandeln
100 ml Milch
1 Eigelb
ca. 250 g Aprikosenkonfitüre

Nach dem Grundrezept aus den Zutaten einen Hefeteig herstellen. Die Butter mit Mehl anwirken und ca. 12 x 18 cm groß ausrollen. Den Hefeteig etwa doppelt so groß ausrollen und die Butterplatte in die Mitte legen. Den Teig von beiden Seiten her über der Butter einschlagen und gut andrücken. Dem Teig drei einfache Touren geben (s. Blätterteig S. 18) – dabei die Ruhezeiten beachten!
Mehl, Butter, Zucker und Mandeln mischen und zu Streuseln verarbeiten. Auf ein Brett oder Blech aufstreuen, damit sie ganz auskühlen und etwas antrocknen – dann tut man sich beim Verarbeiten leichter. Milch mit Eigelb verquirlen. Die Aprikosenkonfitüre in einen Spritzbeutel füllen.
Den Teig zu einem 3–4 mm dicken Rechteck ausrollen. Mit einem Messer oder Teigrädchen Rechtecke von etwa 6 x 18 cm Größe schneiden, die Ränder dünn mit der Eimischung bestreichen. In der Mitte der Länge nach einen Streifen Aprikosenkonfitüre aufspritzen und den Teig der Länge nach zur Hälfte zusammenklappen. Die Kipferl dicht aneinander legen, mit der Eimischung bestreichen und mit den Streuseln bestreuen.
Den Backofen auf 180 °C vorheizen. Die Kipferl auf mit Backpapier auslegte Bleche setzen und jeweils zu Hufeisen formen, dabei beachten, dass die gefaltete Kante nach innen zeigt. Nochmals etwa 10 Min. gehen lassen und anschließend im vorgeheizten Ofen 10–15 Min. backen.

Franzbrötchen

Für den Plunderteig
1 Rezept Hefeteig (s. S. 16)
250 g Butter
ca. 2 EL Mehl

Außerdem
2 EL zerlassene Butter + Butter fürs Blech
200 g Zucker
2 TL Zimt

Nach dem Rezept für Klosterkipferl aus den Zutaten einen Plunderteig (s. oben) herstellen.
Den Backofen auf 175 °C vorheizen. Den Teig zu einem großen Rechteck ausrollen, dünn mit flüssiger Butter bestreichen und mit Zucker und Zimt vermischt bestreuen. Der Länge nach zu einer Roulade von etwa 6 cm Durchmesser aufrollen und diese in etwa 4 cm breite Stücke schneiden. Die Teigstücke mit einem Kochlöffelstiel in der Mitte parallel zu den Schnittstellen eindrücken, sodass die Schneckenseiten etwas nach oben klappen.
Die Franzbrötchen auf gefettete Backbleche setzen, abdecken und nochmals 15–20 Min. gehen lassen. Im vorgeheizten Ofen 10–15 Min. backen.

Mandelhörnchen (Foto)

500 g Marzipanrohmasse
250 g Zucker
Abrieb von 1/2 Zitrone
2 Eiklar
250 g gehobelte geschälte Mandeln
200 g Kuvertüre

Die Mandelhörnchen können Sie nach Geschmack in helle oder dunkle Kuvertüre tauchen.

Marzipanrohmasse, Zucker und Zitronenabrieb in eine Schüssel geben. Das Eiklar nach und nach langsam dazugeben und alles mit den Händen zu einer klumpenfreien Masse verkneten.
Zu einer Rolle formen und je nach gewünschter Größe in 12–15 Stücke schneiden. Die Stücke jeweils mit den Händen in die gewünschte Länge rollen und anschließend in den gehobelten Mandeln wälzen. Auf ein mit Backpapier belegtes Blech setzen, zu Hörnchen formen und etwa 30 Min. antrocknen lassen.
Inzwischen den Backofen auf 170 °C vorheizen. Die Mandelhörnchen darin 10–15 Min. backen und abkühlen lassen. Die Kuvertüre temperieren (s. S. 25) und die Enden der vollständig erkalteten Hörnchen darin eintauchen. Auf Backpapier legen und antrocknen lassen.

Böhmische Kolatschen

1 Rezept Hefeteig
(s. S. 16)

1/2 Rezept Mohnfülle
(s. Mohnblechkuchen S. 60)

1 Rezept Quarkfülle
(s. Quarktaschen S. 140)

Außerdem
ca. 150 g Powidl (Pflaumenmus)
ca. 100 g Aprikosenkonfitüre
ca. 100 g Puderzucker

Nach den angegebenen Rezepten Hefeteig, Mohnfülle und Quarkfülle herstellen.
Den Hefeteig nach dem Gehen durchkneten und etwa 5 mm dünn ausrollen. Kreise von 10–12 cm Durchmesser ausstechen. Mit einem Esslöffel jeweils einen Klecks von den beiden Füllungen sowie dem Powidl nebeneinander in die Mitte jedes Kreises geben.
Den Backofen auf 180 °C vorheizen. Die Kolatschen auf mit Backpapier auslegte Bleche setzen und nochmals etwa 10 Min. gehen lassen. Anschließend im vorgeheizten Ofen 10–15 Min. backen.
Inzwischen die Aprikosekonfitüre mit 3 EL Wasser aufkochen und die noch heißen Kolatschen damit bestreichen. Den Puderzucker mit etwas Wasser zu einem zähflüssigen Guss verrühren und die Kolatschen damit überziehen.

Quarktaschen

1 Rezept Plunderteig (s. S. 136)

Für die Quarkfülle
40 g weiche Butter
80 g Zucker
2 Eigelbe
350 g Quark
Abrieb von 1 Zitrone
1 EL Stärke

Außerdem
100 ml Milch
1 Eigelb
Puderzucker zum Besieben

Nach dem Rezept für Klosterkipferl einen Plunderteig herstellen. Für die Fülle die Butter mit dem Zucker schaumig rühren, erst die Eigelbe, dann den Quark mit Zitronenabrieb und Stärke dazugeben und verrühren. Zum Bestreichen Milch und Eigelb verquirlen.
Den Plunderteig etwa 3 mm dünn ausrollen und in Quadrate von etwa 10 x 10 bis 12 x 12 cm Größe schneiden. Die Ränder ganz dünn mit der Eimischung bestreichen. Von der Quarkmasse jeweils „einen guten Esslöffel" in die Mitte jedes Quadrats setzen.
Den Backofen auf 180 °C vorheizen. Die Quadrate zu Dreiecken zusammenklappen, die Ränder gut andrücken. Die Quarktaschen auf mit Backpapier belegte Bleche setzen, dünn mit Eimischung bestreichen und nochmals 10 Min. gehen lassen. Im vorgeheizten Ofen 10–15 Min. backen, nach dem Abkühlen mit Puderzucker besieben.

Für meine Rosinenliebhaber mische ich noch Rosinen unter die Quarkfülle.

Nussecken (Foto)

Für den Mürbteig
300 g Mehl
150 g Butter + Butter fürs Blech
75 g Zucker
1 Ei
1 Prise Salz

Für den Belag
1 Glas Aprikosenkonfitüre (ca. 200 g)
200 g Butter
200 g Zucker
4 EL Sahne
400 g gemahlene Haselnüsse
1 Prise Zimt
200 g Kuvertüre

Nach dem Grundrezept aus den Zutaten einen Mürbteig (s. S. 16) herstellen. Dünn ausrollen und auf ein gefettetes Backblech drücken. Mit einer Gabel mehrmals einstechen und die Aprikosenkonfitüre darauf verstreichen.
Den Backofen auf 170 °C vorheizen. Butter, Zucker und Sahne in einem Topf aufkochen lassen, Haselnüsse und Zimt dazugeben und verrühren. Die Nussmasse auf der Konfitüre verteilen und glatt streichen.
Das Blech im vorgeheizten Ofen 15–20 Min. backen. Noch warm in Dreiecke schneiden und auf dem Blech auskühlen lassen. Die Kuvertüre temperieren (s. S. 25) und die beiden spitzen Ecken der Nussecken darin jeweils eintunken. Auf Backpapier legen und antrocknen lassen.

Nusshörnchen

Für den Plunderteig
1 Rezept Hefeteig (s. S. 16)
250 g Butter
ca. 2 EL Mehl

Für die Fülle
ca. 400 g gemahlene Haselnüsse
120 g Zimtzucker
100 g Biskuitbrösel (s. S. 36)
ca. 120 g zerlassene Butter

Nach dem Grundrezept aus den Zutaten einen Hefeteig herstellen. Die Butter mit Mehl anwirken und zu einer rechteckigen Platte von ca. 12 x 18 cm Größe ausrollen. Den Hefeteig etwa doppelt so groß ausrollen und die Butterplatte in die Mitte legen. Den Teig von beiden Seiten her über der Butter einschlagen und gut andrücken. Dem Teig drei einfache Touren geben (s. Blätterteig S. 18) – dabei die Ruhezeiten beachten!

Für die Fülle Haselnüsse, Zimtzucker und Biskuitbrösel vermischen. Den Plunderteig zu einem etwa 4 mm dünnen Rechteck ausrollen. Der Länge nach in etwa 20 cm breite Bahnen schneiden. Diese mit der flüssigen Butter bestreichen und mit der Nussmischung bestreuen. Mit einem Teigrädchen jede Bahn im Zickzack in etwa 10–12 cm breite Dreiecke schneiden.

Den Backofen auf 180 °C vorheizen. Jedes Dreieck von der Breitseite zur Spitze hin straff aufrollen, zu Hörnchen formen und auf mit Backpapier auslegte Backbleche setzen. Nochmals etwa 10 Min. gehen lassen und im vorgeheizten Ofen 10–15 Min. backen.

Apfeltaschen (Foto)

1 Rezept Quark-Öl-Teig (s. S. 17)

Für die Fülle
6–7 Äpfel
100 ml Apfelsaft
2–3 EL Zimtzucker
Zitronensaft nach Geschmack
100 g Rosinen
Abrieb von 1 Zitrone
1 EL Vanille-Puddingpulver
etwas Milch zum Bestreichen

Nach dem Grundrezept einen Quark-Öl-Teig herstellen.
Die Äpfel schälen, entkernen und in Würfel schneiden. Die Apfelwürfel in einem Topf im Apfelsaft weich dünsten, dann in ein Sieb geben, abtropfen und auskühlen lassen. Mit Zimtzucker und Zitronensaft abschmecken, Rosinen, Zitronenabrieb und Puddingpulver dazugeben und alles gut vermischen.
Den Backofen auf 180 °C vorheizen. Den Teig dünn ausrollen und Kreise von 12–15 cm Durchmesser ausstechen. Die Ränder dünn mit Milch bestreichen, in die Mitte jeweils etwas Apfelfüllung geben und die Teigkreise zu Halbkreisen zusammenklappen. Die Ränder, am besten mit einer Gabel, gut andrücken. Fertige Apfeltaschen auf mit Backpapier belegte Bleche setzen und im vorgeheizten Ofen 15–20 Min. backen.

Waffeln

200 g Butter
200 g Zucker
1 Prise Salz
4 Eier
200 g Mehl
50 g Stärke
Fett für das Waffeleisen
Puderzucker zum Besieben

In einer Schüssel Butter mit Zucker und Salz schaumig rühren. Die Eier nach und nach unterrühren und das gesiebte Mehl-Stärke-Gemisch zum Schluss unterheben. Ist die Sandmasse zu fest, mit etwas Mineralwasser verdünnen!
Jeweils einige Esslöffel der Masse in ein gefettetes, heißes Waffeleisen geben und nacheinander knusprig braune Waffeln ausbacken. Zum Servieren mit Puderzucker besieben.

Nusswaffeln

3 Eigelbe
350 ml Milch
250 g Mehl
Salz
100 g gemahlene Haselnüsse
2 gestr. TL Backpulver
1 Msp. Zimt
3 Eiklar
4 EL Zucker
Fett für das Waffeleisen

Aus Eigelb, Milch, Mehl, 1 Prise Salz, Nüssen, Backpulver und Zimt eine glatte Masse rühren. Eiklar mit Zucker und 1 Prise Salz zu einem schmierigen Schnee schlagen und unter die Eigelbmasse heben.
Jeweils einige Esslöffel der Masse in ein heißes, gefettetes Waffeleisen geben und nacheinander knusprig braune Waffeln ausbacken.

Typische belgische Waffeln sind die Eisekuchen oder „Gaufres" auf Französisch, dicke Waffeln mit einem tiefen Muster (s. Foto). Dafür 375 g Mehl in eine Schüssel sieben und in die Mitte eine Mulde drücken. 1/2 Würfel Hefe, 1 TL Zucker und 3 EL Milch zu einem Vorteig verrühren und etwa 15 Min. gehen lassen. 125 ml Bier, 80–125 ml Milch, 1 Prise Salz und 60 g weiche Butter dazugeben und alles mit dem Handrührgerät zu einem Hefeteig verrühren. Er sollte zähflüssig sein und etwa die Konsistenz von Pfannkuchenteig haben – daher nicht gleich die ganze Milch dazugeben. Den Teig nochmals zugedeckt an einem warmen Ort etwa 30 Min. gehen lassen. Das heiße Waffeleisen einfetten, mit einer kleinen Schöpfkelle etwas Teig einfüllen und knusprig braun backen. Noch heiß mit Puderzucker besieben und genießen! Ohne Puderzucker passen die Waffeln übrigens zu einer Gemüsesuppe.

Käsekrapferl

Für die Brandmasse
125 ml Milch, 30 g Butter
1 Prise Salz
100 g Mehl + Mehl fürs Blech
2–3 Eier
60 g geriebener Parmesan
Paprikapulver

Für die Fülle
150 g Gorgonzola
150 g weiche Butter
Salz
Paprikapulver
Worchestersauce

Milch, Butter und Salz aufkochen lassen. Sofort das gesiebte Mehl auf einmal dazugeben und mit einem Kochlöffel kräftig durchrühren, bis sich die Masse vom Topf löst, einen Kloß bildet und weißer Belag den Topfboden überzieht. In ein anderes Gefäß füllen und leicht abkühlen lassen.
Den Backofen auf 190 °C vorheizen. Die Eier nach und nach einrühren, dann den Parmesan dazugeben und die Brandmasse mit Paprika abschmecken. Mit einem kleinen Löffel gleichmäßige Häufchen auf ein leicht mit Mehl gestaubtes Blech setzen. Die Krapferl im vorgeheizten Ofen 10–12 Min. backen, abkühlen lassen.
Für die Fülle den Gorgonzola durch ein Sieb passieren, mit der Butter verrühren und alles mit Salz, Paprika und etwas Worchestersauce abschmecken. Die ausgekühlten Krapferl durchschneiden und mit der Käsecreme füllen.

Käsestangerl (Foto)

Für den Blätterteig
250 g Mehl, 15 g Butter
1 gestr. TL Salz
1/2 geh. TL Zucker
1/2 TL neutraler Essig

Für den Butterziegel
200 g Butter, 2 EL Mehl

Zum Bestreuen
ca. 250 g geriebener Käse
1/2 TL gehackter Kümmel
Salz, Paprikapulver
1 Ei, 3 EL Milch

Nach dem Grundrezept aus den Zutaten ein halbes Rezept Blätterteig (s. S. 18) herstellen.
Den Backofen auf 180 °C vorheizen. Den Käse mit Kümmel mischen und mit Salz und Paprika abschmecken. Den Blätterteig zu einem Rechteck von ca. 20 cm Breite ausrollen.
Das Ei mit der Milch verquirlen und den Teig damit vollständig bestreichen. Die Käsemischung aufstreuen und gut andrücken – dazu mit einem Rollholz vorsichtig darüber rollen. Mit einem Teigrädchen etwa 1,5 cm breite Streifen schneiden, jeweils zu einer Spirale drehen und auf mit Backpapier belegte Backbleche setzen. Die Käsestangen 10–12 Min. backen. Darauf achten, dass der Käse nicht zu dunkel wird!

Schinkenkrapferl

Für den Blätterteig
250 g Mehl
15 g Butter
1 gestr. TL Salz
1/2 geh. TL Zucker
1/2 TL neutraler Essig

Für den Butterziegel
200 g Butter
2 EL Mehl

Für die Fülle
300 g gekochter Schinken
3 EL Sauerrahm
1 TL mittelscharfer Senf
Salz, Pfeffer

Nach dem Grundrezept aus den Zutaten ein halbes Rezept Blätterteig (s. S. 18) herstellen. Für die Fülle den Schinken in kleine Würfel schneiden und mit den anderen Zutaten vermischen, würzig abschmecken.
Den Backofen auf 180 °C vorheizen. Den Blätterteig dünn ausrollen und Kreise von 10–12 cm Durchmesser ausstechen. Die Ränder dünn mit Wasser bestreichen. Mit einem Löffel jeweils etwas Fülle in die Mitte jedes Kreises setzen und die Kreise zusammenklappen, die Ränder gut andrücken. Die Schinkenkrapferl im vorgeheizten Ofen 8–12 Min. backen.

Die Blätterteigreste lege ich immer vorsichtig übereinander und rolle sie aus. Auf keinen Fall darf man sie verkneten, sonst gehen die einzelnen Schichten kaputt und der Teig „blättert" nicht mehr! Oder ich friere die Reste einfach ein und verwende sie bei Gelegenheit für einen Gemüsekuchen oder eine Quiche.

Spinatkrapferl

Für den Blätterteig
siehe Rezpt oben

Für den Butterziegel
200 g Butter
2 EL Mehl

Für die Fülle
400 g Blattspinat
50 g Speck, in Würfel geschnitten
1 Schalotte, sehr klein geschnitten
1 EL Butter
1 EL Mehl
Salz, Pfeffer, Muskat

Nach dem Grundrezept aus den Zutaten ein halbes Rezept Strudelteig (s. S. 18) herstellen. Für die Fülle den Spinat kurz blanchieren, kalt abschrecken und grob hacken. Fein gehackte Schalotte mit dem Speck anbraten und den Spinat dazugeben. Butter mit Mehl vermischen, ebenfalls dazugeben. Die Fülle mit 1–2 EL Brühe oder Wasser ablöschen und gut mit Salz, Pfeffer und Muskat abschmecken
Den Backofen auf 180 °C vorheizen. Den Blätterteig dünn ausrollen und Kreise von 10–12 cm Durchmesser ausstechen. Die Ränder dünn mit Wasser bestreichen. Mit einem Löffel jeweils etwas Fülle in die Mitte jedes Kreises setzen und die Kreise zusammenklappen, die Ränder gut andrücken. Die Krapferl im vorgeheizten Ofen 8–12 Min. backen.

Pizzaschnecken

Für den Blätterteig
250 g Mehl
15 g Butter
1 gestr. TL Salz
1/2 geh. TL Zucker
1/2 TL neutraler Essig

Für den Butterziegel
200 g Butter
2 EL Mehl

Für die Fülle
200 g Schmand
2 EL Sahne
3 EL frisch gehackte Kräuter
Salz, Pfeffer
2 EL Öl
1 fein gewürfelte Zwiebel
150 g gewürfelte Champignons
1 fein gewürfelte rote Paprika
150 g gewürfelter gekochter Schinken
Oregano
200 g geriebener Käse

Nach dem Grundrezept aus den Zutaten ein halbes Rezept Strudelteig (s. S. 18) herstellen.
Für die Fülle Schmand mit Sahne und Kräutern verrühren, mit Salz und Pfeffer würzen. Öl in eine Pfanne geben und die Zwiebeln, dann Champignons und Paprika darin anschwitzen. Den Schinken dazugeben und die Masse mit Oregano und nach Bedarf mit Salz und Pfeffer gut abschmecken.
Den Backofen auf 175 °C vorheizen. Den Blätterteig zu einem Rechteck ausrollen. Den Kräuterschmand darauf verstreichen. Die etwas abgekühlte Gemüse-Schinken-Mischung darüber geben und den Käse darüber streuen. Den Teig straff zu einer Roulade aufrollen und diese in etwa 2 cm breite Schnecken schneiden. Die Pizzaschnecken auf mit Backpapier belegte Bleche setzen und im vorgeheizten Ofen 12–18 Min. backen.

Für die Pizzaschnecken können Sie genauso gut einen Blitzblätterteig (s. S. 19) oder einen Pizzateig verwenden: Aus 300 g Mehl, 20 g frischer Hefe, 150 g Wasser, 1 Msp. Salz, 1 Msp. Zucker und 3 EL Olivenöl ohne Vorteig einen elastischen Hefeteig kneten und einige Stunden am besten kühl gehen lassen.

Die Tradition der Mehlspeisen

Mehlspeisen … damit viele satt werden

Betrachtet man das katholische Kirchenjahr etwas genauer, zählt man rund 150 Fastentage. Das bedeutet vor allem: kein Fleisch essen. In meiner Kindheit gab es deshalb freitags Mehlspeisen. Und die kamen meist aus dem Ofen oder einer großen gusseisernen Pfanne. Den Kaiserschmarrn machte meine Oma aus Pfannkuchenteig mit besonders vielen Eiern. So ging er beim Backen schön auf und der Schmarrn blieb locker und saftig. Für uns Kinder gab es natürlich eine Extraportion ohne Rosinen. Wir waren mit drei Generationen jeden Tag mindestens sieben Leute am Mittagstisch. Dazu kam noch unser Nachbar Karl, unsere gute Seele am Hof, ein Lehrling und meist noch Freunde von uns Kindern. Damit der Schmarrn schön frisch schmeckte, bereitete ihn meine Oma immer während des Essens zu. Sie stand dann am Holzofen, mit ihren zwei großen Pfannen, und zerschnitt die hoch aufgehenden Pfannkuchen in kleine Stücke – stets in Sorge, ob auch jeder genug bekam. Dabei war die ganze Küche in einen Dunstschleier gehüllt, der aus den dampfenden Pfannen hochstieg. Auch wenn wir heute die kirchlichen Fastentage weniger streng handhaben, ist der Freitag doch unser Mehlspeisentag geblieben.

Rohrnudeln

Für den Hefeteig
200 g lauwarme Milch
40 g frische Hefe
500 g Mehl
100 g Zucker
3 Eier
1 Prise Salz
80 g weiche Butter
1/2 TL Zitronenabrieb

Außerdem
100 g Zucker
1/2 TL Zimt
100 g zerlassene Butter

Nach dem Grundrezept aus den Zutaten einen Hefeteig (s. S. 16) herstellen. Zucker und Zimt mischen. Die warme, flüssige Butter in eine Reine oder ofenfeste Form gießen.
Den Teig aus der Schüssel nehmen und mit einer Teigkarte oder einem Esslöffel in etwa golfballgroße Stücke teilen. Jeden Teigling „glatt schleifen", dazu das Teigstück auf die Arbeitsplatte oder auf ein Holzbrett legen, die Hand locker darauf setzen und die Fingerspitzen abstellen. Mit kreisförmigen Bewegungen einen glatten, runden Teigling herstellen. In Zimtzucker wälzen und ordentlich in die Form setzen. Die fertigen Teiglinge in der Reine mit einem Tuch abdecken und etwa 20 Min. gehen lassen.
Den Backofen auf 175 °C vorheizen und die Rohrnudeln darin 30–35 Min. backen. Warm mit Vanillesauce (s.unten) servieren.

Variante Zwetschgennudeln (Foto)

Für Zwetschgennudeln rolle ich den Teig aus und schneide ihn in gleich große Quadrate von ca. 10 x 10 cm Größe. In jedes Quadrat zwei entsteinte, in Zimtzucker gewälzte Zwetschgen setzen und die vier Teigecken kreuzweise darüber schlagen. Die Nahtstellen gut zusammendrücken, damit nichts auslaufen kann, und die Zwetschgennudeln mit der glatten Seite nach oben in Reine setzen. Die Nudeln nicht mehr in Zimtzucker wälzen, sie würden sonst zu süß. Wie oben angegeben fertig backen. Die Zwetschgennudeln schmecken auch kalt und ohne Vanillesauce.

Vanillesauce

500 ml Milch
1 Prise Salz
1/2 Vanilleschote
2 Eigelbe
60 g Zucker
1 EL Stärke

Milch, Salz und aufgeschlitzte Vanilleschote aufkochen, vor dem Weiterverarbeiten die Schote aus der Milch nehmen. Eigelbe und Zucker mit dem Rührgerät schaumig schlagen und die Stärke ebenfalls unterrühren. Unter ständigem Rühren die warme Milchmischung nach und nach dazugeben. In einen Topf umfüllen und alles nochmals erhitzen bzw. aufwallen lassen, aber nicht kochen, dabei immer weiter rühren. Zum Abkühlen in eine Schüssel gießen – ab und zu umrühren, damit sich keine Haut auf der Sauce bildet.

Marillenknödel

Für den Kartoffelteig
500 g mehlig kochende Kartoffeln (am Vortag gekocht)
100 g weiche Butter
3 Eigelbe
1 Ei
250–300 g Mehl
1 gestr. TL Backpulver
Salz

Außerdem
ca. 500 g Aprikosen (Marillen)
Würfelzucker
100 g Butter
100 g Semmelbrösel
Salz
Zimtzucker zum Bestreuen

Die Aprikosen waschen, auf einer Seite aufschneiden und entsteinen. In jede Aprikose anstelle des Steins ein Stück Würfelzucker setzen.
Die Kartoffeln vom Vortag schälen und durch die Kartoffelpresse drücken. Die Butter schaumig rühren, die Eigelbe und das Ei nach und nach dazugeben. Mehl sieben und mit dem Backpulver mischen, zusammen mit den durchgepressten Kartoffeln und 1 Prise Salz unter die Buttermasse rühren. Falls der Teig sehr klebt, noch etwas Mehl dazugeben.
Den Teig auf einer bemehlten Arbeitsplatte nochmals durchkneten, dann zu einer Rolle formen und in Scheiben schneiden. Jede Teigscheibe mit der Hand etwas flach drücken, eine Aprikose damit dünn umschließen und zu einem runden Knödel formen. Dabei darauf achten, dass die Nahtstellen gut zusammengedrückt sind. Die fertigen Knödel vor dem Garen noch etwa 30 Min. ruhen lassen. In der Zwischenzeit Butter in einer Pfanne schmelzen lassen, die Semmelbrösel einrühren und leicht bräunen.
In einem ausreichend großen Topf reichlich Wasser zum Kochen bringen, 1/2 TL Salz dazugeben und die Marillenknödel einlegen. Das Wasser soll nicht mehr kochen, nur sieden. Nach 8–10 Min. sind die Knödel gar, wenn sie an die Oberfläche steigen. Mit einem Schaumlöffel aus dem Wasser nehmen, abtropfen lassen und in den Semmelbröseln wälzen. Auf einer vorgewärmten Platte anrichten und mit Zimtzucker bestreuen.

Statt in Semmelbröseln wälze ich die Knödel auch gerne in zerlassener Butter mit ein wenig geriebenen Mandeln.

Zwetschgenknödel (Foto)

Für den Quarkteig
150 g weiche Butter
2 EL Zucker
1 Prise Salz
1 Ei, 1 Eigelb
250 g Quark
100–150 g Mehl

Außerdem
10–15 Zwetschgen
Würfelzucker
Zimt
100 g Butter
100 g Semmelbrösel
Salz
Zimtzucker zum Bestreuen

Zwetschgenknödel schmecken auch einfach mit heißer, flüssiger Butter und Zimtzucker dazu serviert statt in Semmelbröseln gewälzt.

Die Zwetschgen waschen, entkernen und anstelle des Steins ein mit Zimt bestreutes Stück Würfelzucker einlegen.
Für den Teig die Butter mit Zucker und Salz schaumig rühren. Ei und Eigelb nach und nach, dann den Quark dazugeben. Zuletzt so viel Mehl untermischen, dass der Teig nicht mehr klebt. Etwa 30 Min. im Kühlschrank ruhen lassen.
Den Teig zu einer Rolle formen und in Scheiben schneiden. Jede Scheibe in der Hand flach drücken, eine Zwetschge einlegen, mit dem Teig dünn umschließen und zu einem Knödel formen. Dabei darauf achten, dass die Nahtstellen gut zusammengedrückt sind. Die fertigen Knödel vor dem Garen noch etwa 30 Min. ruhen lassen. In der Zwischenzeit Butter in einer Pfanne schmelzen lassen, die Semmelbrösel einrühren und leicht bräunen.
In einem ausreichend großen Topf reichlich Wasser zum Kochen bringen, 1/2 TL Salz dazugeben und die Zwetschgenknödel einlegen. Das Wasser soll nicht mehr kochen, sondern nur sieden. Die Knödel etwa 10 Min. gar ziehen lassen. Mit dem Schaumlöffel herausnehmen, abtropfen lassen und in den Semmelbröseln wälzen. Auf einer vorgewärmten Platte anrichten und mit Zimtzucker bestreuen.

Zwetschgenknödel oder auch Marillenknödel lassen sich übrigens sehr gut einfrieren. Dafür nehme ich die fertigen Knödel aus dem Wasser, lasse sie abtropfen und abkühlen und friere sie dann ein. Zum Auftauen muss man sie nur in einen Topf mit kaltem Wasser geben, erhitzen und wie oben beschrieben fertigstellen.

Sächsische Quarkkeulchen

Für den Teig
500 g mehlig kochende Kartoffeln (am Vortag gekocht)
250 g Quark
80 g Zucker
75 g Rosinen
50 g Mehl
1 Prise Salz
1/2 TL Zitronenabrieb
1/2 TL Zimt
100 g Butterschmalz
100 g Zimtzucker

Die Kartoffeln vom Vortag schälen und durch die Kartoffelpresse drücken. Alle anderen Zutaten dazugeben und zu einem Teig vermengen. Klebt er zu sehr, evtl. noch etwas Mehl dazugeben.
Butterschmalz in einer großen Pfanne erhitzen. Mit einem Esslöffel Nocken vom Teig abstechen, in die Pfanne geben und etwas flach drücken. Von beiden Seiten goldbraun backen, herausnehmen und mit Zimtzucker bestreuen und heiß servieren.

Zu den Quarkkeulchen passt für meinen Geschmack sehr gut ein selbst gemachtes Apfelkompott.

Quarkauflauf

3 altbackene Semmeln
125 ml lauwarme Milch
80 g weiche Butter + Butter für Form und Flöckchen
150 g Zucker
6 Eigelbe
400 g Quark
Abrieb von 1 Zitrone
100 g gehobelte Mandeln
6 Eiklar
1 Prise Salz

Die Semmeln in etwa 3 mm dicke Scheiben schneiden, mit der lauwarmen Milch übergießen und weich werden lassen. Die weiche Butter mit etwa einem Drittel des Zuckers schaumig rühren. Die Eigelbe nach und nach dazugeben, Quark und Zitronenabrieb unterrühren. Den Backofen auf 170 °C vorheizen. Die Semmelscheiben mit den Händen gut ausdrücken und mit den Mandeln unter die Butter-Eigelb-Masse heben. Das Eiklar mit restlichem Zucker und Salz zu einem schmierigen Schnee schlagen und ebenfalls unter die Quarkmasse heben. Die Masse in eine gefettete Auflaufform füllen, glatt streichen und mit etwa 2 EL Butterflöckchen belegen. Den Quarkauflauf im vorgeheizten Ofen 35–45 Min. backen.

Für einen Quarkauflauf mit Rhabarber (s.Foto) schäle ich ca. 500 g Rhabarber und schneide ihn in 2–3 cm große Stücke. Die Rhabarberstücke 2 Min. in 2 EL Wasser vordünsten, etwas abtropfen lassen und zur Auflaufmasse geben. Anstatt der 3 in diesem Fall 4 Semmeln verwenden.

Reisauflauf

300 g Milchreis
Salz
1 Stück Zitronenschale
1,5 l kalte Milch
80 g weiche Butter + Butter für Form und Flöckchen
150 g Zucker
6 Eigelbe
6 Eiklar

In einem Topf den Reis mit 1 Msp. Salz und Zitronenschale in die kalte Milch einrühren und zum Kochen bringen. Den Herd zurückschalten und den Reis bei niedriger Hitze etwa 30 Min. ausquellen lassen. Die Zitronenschale herausnehmen und den Reis auskühlen lassen.

Den Backofen auf 170 °C vorheizen. Die weiche Butter mit etwa einem Drittel des Zuckers schaumig rühren. Die Eigelbe nach und nach dazugeben und den abgekühlten Reis portionsweise unterrühren. Das Eiklar mit dem restlichen Zucker und 1 Prise Salz zu einem schmierigen Schnee schlagen und unter die Reismasse heben.

Die Masse in eine gefettete Auflaufform füllen, glatt streichen und mit etwa 2 EL Butterflöckchen belegen. Den Reisauflauf im vorgeheizten Ofen 30–40 Min. backen.

Im Sommer zur Beerenhochsaison serviere ich zum Reisauflauf gerne eine rote Grütze aus Gartenbeeren.

Schmarrn

220 g Mehl
8 Eigelbe
400 ml Milch
8 Eiklar
2 EL Zucker
1 Prise Salz
Butterschmalz zum Ausbacken
Puderzucker zum Besieben

Aus Mehl, Eigelb und Milch eine glatte Masse herstellen. Eiklar mit Zucker und Salz zu einem schmierigen Schnee schlagen und unterheben.
In einer Pfanne etwa 1 EL Butterschmalz heiß werden lassen und einige Schöpfkellen Teig in die Pfanne geben – der Boden sollte etwa 1 cm hoch bedeckt sein. Gut anbacken lassen, dann wenden, mit einem Pfannenwender in Stücke zupfen und den Schmarrn fertig backen.
Die restliche Masse genauso portionsweise fertig backen, darauf achten, dass eventuelle angebackene Reste von vorher entfernt werden. Auf einer vorgewärmten Platte anrichten und mit Puderzucker besieben.

Wer mag, weicht noch 50–100 g Rosinen in 3 EL Rum ein und streut sie auf, sobald man die Masse in die Pfanne gegeben hat.

Zum Schmarrn passt ein Birnenkompott, ich mag dazu Zwetschgenröster:
Ca. 600 g Zwetschgen waschen, halbieren und entkernen. 4–5 EL Zucker und 1 EL Butter in einem Topf unter ständigem Rühren karamellisieren lassen. Die Zwetschgen dazugeben, 1–2 Min. darin glasieren und mit 250 ml Apfelsaft ablöschen. Den Saft von 1/2 Zitrone und 1 Msp. Zimt dazugeben. Nach Belieben zusätzlich das Mark von 1/2 Vanilleschote hinzufügen. Köcheln lassen, bis die Zwetschgen weich sind, und nach Belieben 2 EL Zwetschgenwasser einrühren.

Gefüllte Pfannkuchen (Foto)

Für die Pfannkuchen
250 g Mehl, 250 ml Milch
5 Eier, 1 Prise Salz
Butterschmalz zum Ausbacken

Für die Fülle
75 g weiche Butter + Butter für die Form
130 g Zucker, 5 Eigelbe
300 g Quark, 150 g Sauerrahm
Abrieb von 1 Zitrone, 1 TL Stärke
ausgekratztes Mark von 1/2 Vanilleschote
5 Eiklar, 1 Prise Salz, 50 g Rosinen

Für den Guss
150 ml Milch, 100 g Sauerrahm
1 Ei, 1 EL Zucker

Für den Teig Mehl mit Milch, Eiern und Salz zu einem glatten Teig verrühren und 20 Min. quellen lassen. Butterschmalz in einer Pfanne erhitzen und dünne Pfannkuchen backen. Auf einem Teller stapeln und etwas abkühlen lassen.
In der Zwischenzeit für die Fülle die Butter mit etwa einem Drittel des Zuckers schaumig rühren, die Eigelbe nach und nach dazugeben, Quark, Sauerrahm, Zitronenabrieb, Stärke und Vanillemark unterrühren. Das Eiklar mit restlichem Zucker und Salz zu einem schmierigen Schnee schlagen und unter die Quarkmasse heben.
Den Backofen auf 180 °C vorheizen. Die Pfannkuchen jeweils mit Quarkfülle bestreichen und mit Rosinen bestreuen. Einzeln aufwickeln und nebeneinander in eine gefettete Auflaufform legen. Für den Guss Milch mit Sauerrahm, Ei und Zucker verrühren und über die gefüllten Pfannkuchen gießen. Im vorgeheizten Ofen 20–30 Min. backen.

Böhmische Liwanzen

Für den Hefeteig
20 g frische Hefe
3 EL Zucker
500 ml lauwarme Milch
250 g Mehl, 1 Prise Salz
Abrieb von 1 Zitrone
1 Ei
100 g zerlassene Butter

Außerdem
Butterschmalz zum Ausbacken
Zimtzucker zum Bestreuen nach Geschmack

Die Hefe in eine kleine Schüssel oder Tasse bröseln, 1 Prise vom Zucker und 4 EL lauwarme Milch dazugeben und die Hefe darin aufschlämmen. An einem warmen Ort 10 Min. stehen lassen.
In der Zwischenzeit Mehl in eine Schüssel sieben, restlichen Zucker, Salz und Zitronenabrieb darüber geben und in die Mitte eine Mulde drücken. Den Vorteig in die Mulde gießen. Ei und flüssige Butter dazugeben, die Milch nach und nach dazugießen und einen zähflüssigen Teig herstellen. Abdecken und an einem warmen Ort nochmal etwa 30 Min. gehen lassen.
Anschließend den Teig gut durchrühren. In einer Liwanzenpfanne oder normalen Pfanne Butterschmalz heiß werden lassen und jeweils 1–2 EL Teig in die Mulden geben. Die Liwanzen von jeder Seite bei mittlerer Hitze 1–2 Min. goldbraun ausbacken. Aus der Pfanne nehmen, nach Belieben mit Zimtzucker bestreuen und warm servieren.

In der Weihnachtsbäckerei

Wo der Honig herkommt …

Ende November beginnt bei uns die Plätzchenzeit. Die grauen, dunklen Tage verführen dann gerade dazu, Stunden über Stunden in der Backstube zu verbringen, Lebkuchen und Christstollen zu backen und neue Plätzchensorten auszuprobieren. Es breitet sich ein Duft nach Zimt und Honig aus, der die kalten Tage angenehm versüßt. Den Honig für die Plätzchen und kleinen Honiglebkuchen liefert mein Papa. In seinem Obstgarten steht – wie zufällig fallengelassen – ein kleines Bienenhäuschen mit roten Dachziegeln. Die schiefe Platzierung rührt von der Vorliebe der Bienen für Wasseradern her, die sich unter dem Häuschen kreuzen. Im Inneren stehen aneinander gereiht viele Holzkisten, in denen jeweils ein Bienenvolk Honig sammelt. Den dürfen wir später als cremig süßen Blütenhonig oder aromatisch goldenen Waldhonig genießen. Ein hochwertiges Naturprodukt, das ganz anders und vielfältiger schmeckt als Honig aus den Händen der Lebensmittelindustrie. Unverwechselbar typisch riecht es im Bienenhaus nach Kräuterpfeife und Bienenwachs. Ein beruhigendes monotones Summen erfüllt den Raum. Längst ist dort die verdiente Winterruhe eingekehrt, wenn ich Ende November die ersten Honiglebkuchen aussteche.

Spitzbuben

Für den Mürbteig
350 g Butter
250 g Zucker
1 Prise Salz
600 g Mehl
200 g gemahlene Haselnüsse

Außerdem
Puderzucker zum Besieben
2 Gläser Johannisbeer- oder Himbeerkonfitüre (je ca. 200 g)
blütenförmige Ausstecher von 4–5 cm Ø und
1 runder Ausstecher von 1–2 cm Ø

Nach dem Grundrezept aus den Zutaten einen Mürbteig ohne Ei (s. S. 16) herstellen.
Nach der Ruhezeit den Backofen auf 180 °C vorheizen. Den Mürbteig portionsweise durchkneten, dünn ausrollen und in gleicher Anzahl Böden und Deckel ausstechen. Die Deckel werden erst wie die Böden mit der Blütenform ausgestochen und bekommen dann mit dem kleineren Ausstecher ein Loch in der Mitte – immer ein Blech mit Böden backen, dann eines mit Deckeln.
Die Plätzchen auf Bleche setzen und im vorgeheizten Ofen 3–6 Min. nach Sicht (!) backen. Die Plätzchen nur goldbraun und auf keinen Fall zu dunkel werden lassen! Für den nächsten Durchgang muss das Blech nicht mehr gefettet sein, aber darauf achten, dass es vollständig abgekühlt ist.
Die abgekühlten Deckel mit Puderzucker besieben. Die Konfitüre durch ein Sieb passieren, jeweils einen Boden damit bestreichen und einen Deckel darauf setzen.

Buttersterne

Für den Mürbteig
4 Eigelbe
250 g Butter
90 g Puderzucker
1 Prise Salz
360 g Mehl

Außerdem
Vanillezucker zum Bestreuen
1 sternförmiger Ausstecher von ca. 4 cm Ø

Die Eigelbe ins kochende Wasser gießen und darin stocken lassen. Mit einem Schaumlöffel herausnehmen und abkühlen lassen.
Die abgekühlten Eigelbe durch ein Sieb passieren und mit den restlichen Zutaten nach dem Grundrezept zu einem Mürbteig (s. S. 16) verarbeiten. Den Teig etwa 30 Min. im Kühlschrank ruhen lassen. Den Backofen auf 175 °C vorheizen. Den Teig nochmals durchkneten und 8–10 mm dick ausrollen. Aus dem Teig Sterne ausstechen und auf Bleche setzen. Die Plätzchen im vorgeheizten Ofen 4–7 Min. nach Sicht (!) goldbraun backen. Vorsichtig vom Blech nehmen, noch heiß mit der Oberfläche in den Vanillezucker legen und abkühlen lassen.

In meiner Backstube mache ich den Vanillezucker immer selbst. Dafür mische ich ca. 500 g Zucker und das ausgekratzte Mark von 1 Vanilleschote und gebe alles mit der ausgekratzten Schote in ein Einmachglas; den selbst gemachten Vanillezucker lasse ich etwa 1–2 Wochen ziehen.

Flöckchen

30 g Butter
185 g Zucker
90 g feine Haferflocken
1 Ei
90 g Mehl
1 Msp. Backpulver

Die Butter mit 60 g Zucker in einem Topf karamellisieren lassen. Die Haferflocken einrühren und alles gut mischen, abkühlen lassen.
Das Ei mit den restlichen 125 g Zucker schaumig schlagen, Mehl und Backpulver sieben und einrühren. Die abgekühlte Haferflockenmasse ebenfalls einrühren. Aus der Masse ca. 1,5 cm dicke Rollen formen und diese etwa 20 Min. kühl stellen.
Den Backofen auf 180 °C vorheizen. Die Teigrollen in etwa 2 cm lange Stücke schneiden und auf mit Backpapier belegte Bleche setzen. Die Flöckchen im vorgeheizten Ofen 3–5 Min. nach Sicht (!) goldbraun backen. Die Plätzchen laufen beim Backen etwas auseinander.

Wer mag, kann die Flöckchen noch mit Kuvertüre bestreichen oder mit dünnen Kuvertürefäden überziehen. Sie schmecken aber auch „ohne“ sehr fein!

Mohnkipferl (Foto)

Für den Mürbteig
200 g Butter
80 g Puderzucker
1 Prise Salz
1 Eigelb
100 g gemahlener Mohn
250 g Mehl

Außerdem
200 g Zucker
2–3 EL gemahlener Mohn

Nach dem Grundrezept aus den Zutaten einen Mürbteig mit Mohn (s. S. 16) herstellen. Den Mohn dabei mit dem Mehl zum Teig geben.
Nach der Ruhepause den Teig nochmals durchkneten und zu Rollen von ca. 2 cm Durchmesser formen. In 2–3 cm dicke Stücke schneiden und diese in den Kühlschrank stellen.
Den Backofen auf 175 °C vorheizen. Die Teigstücke portionsweise herausnehmen, zu Kipferl formen und auf Bleche setzen. Die Kipferl im vorgeheizten Ofen 5–8 Min. nach Sicht (!) backen.
In der Zwischenzeit Zucker und gemahlenen Mohn vermischen und auf einem Backblech verteilen. Die fertigen Kipferl aus dem Ofen nehmen, ca. 1 Min. stehen lassen und dann mit einer Palette oder Tortenschaufel mit der Oberfläche in das Mohn-Zucker-Gemisch legen. Das Blech leicht rütteln, so verteilt sich der Zucker gut auf den Kipferl. Die Kipferl vorsichtig aus dem Zucker nehmen, abkühlen lassen.

Nuss-Marzipan-Taler

Für den Mürbteig
150 g Butter
75 g Zucker
1 Prise Salz
1 Eigelb
150 g Mehl
150 g gemahlene Haselnüsse
1 runder Ausstecher, ca. 3–4 cm Ø

Für den Belag
ca. 200 g Himbeergelee (oder durchpassierte Himbeerkonfitüre)
ca. 300 g Marzipanrohmasse
50 g Puderzucker

Für die Glasur
150 g Puderzucker
4–5 EL Rum oder Zitronensaft

Zum Bestreuen
3–4 EL gehackte geröstete Haselnüsse

Nach dem Grundrezept aus den Zutaten einen Mürbteig (s. S. 16) herstellen.
Nach der Ruhepause den Teig nochmals durchkneten und portionsweise dünn ausrollen. Die Plätzchen rund ausstechen und auf Bleche setzen. Im vorgeheizten Ofen (175 °C) 4–6 Min. auf Sicht (!) hell backen. Vom Blech nehmen und auskühlen lassen.
Das Himbeergelee glatt rühren – falls es dabei zu flüssig wird, noch mal kurz aufkochen, abkühlen lassen. Marzipanrohmasse mit Puderzucker anwirken und geschmeidig kneten, dünn ausrollen und die gleiche Anzahl runder Marzipanplätzchen wie vorhandene Mürbteigplätzchen ausstechen. Jeweils Mürbteigplätzchen dünn mit Himbeergelee bestreichen (Messer oder Pinsel), ein Marzipanplätzchen darauf legen und leicht andrücken.
Den Puderzucker mit Rum oder Zitronensaft zu einer Glasur verrühren und die fertigen Plätzchen mit der Marzipanoberfläche darin eintauchen oder bestreichen (Messer oder Pinsel). Gehackte Haselnüsse aufstreuen und die Plätzchen trocknen lassen.
Die Nuss-Marzipan-Taler gehören zu meinen absoluten Lieblingen, sie machen viel Arbeit, aber es lohnt sich!

Sehr fein schmecken sie auch, wenn man sie statt mit Puderzuckerglasur mit temperierter Kuvertüre überzieht. Anstelle von Haselnüssen können Sie die Nuss-Marzipan-Taler auch mit gehackten Pistazien verzieren.

Walnuss-Stangerl

Für den Mürbteig
200 g Butter
160 g Zucker
1 Prise Salz
3 Eigelbe
400 g Mehl

Außerdem
3 Eiklar
10 g Vanillezucker (1 Päck.)
1 EL Zucker
200 g gehackte Walnüsse
200 g Kuvertüre

Nach dem Grundrezept aus den Zutaten einen Mürbteig (s. S. 16) herstellen. Nach der Ruhezeit den Backofen auf 175 °C vorheizen. Das Eiklar mit Vanillezucker und Zucker zu Schnee schlagen. Den Mürbteig ca. 3 mm dünn ausrollen. Mit dem Eischnee gleichmäßig bestreichen und die gehackten Walnüsse darüber streuen. Mit einem Messer längliche Rechtecke von ca. 2 x 6–8 cm Größe ausschneiden und auf Backbleche setzen.
Die Stangerl im vorgeheizten Ofen 5–8 Min. auf Sicht (!) goldbraun backen. Vom Blech nehmen und vollständig auskühlen lassen. Die Kuvertüre nach dem Grundrezept temperieren (s. S. 25) und die Enden der Walnuss-Stangerl darin eintauchen, anziehen lassen.

Zur Abwechslung mache ich statt Walnuss-Stangerl manchmal auch Walnussbögen: Dazu lege ich die fertigen Plätzchen direkt aus dem Ofen noch heiß über ein dünnes Rollholz oder eine mit Alufolie überzogene Papprolle und lasse sie so abkühlen. Die Enden der Walnussbögen tauche ich ebenfalls noch in Kuvertüre ein.

Florentiner

Für die Röstmasse
70 g Butter
90 g Honig
80 g Zucker
60 g Sahne
50 g fein gehacktes Orangeat
150 g gehobelte geschälte Mandeln

Außerdem
300 g Kuvertüre

Für runde Florentiner (s. Foto) die Masse mit einem Teelöffel in kleinen Häufchen auf das Blech setzen und backen. Gleich wenn das Blech aus dem Ofen kommt, die Häufchen mit einem in Wasser getauchten Glas schön rund zusammenschieben. Die runden Florentiner fertigstellen wie oben beschrieben.

Alle Zutaten, bis auf Orangeat und Mandeln, in einen Topf geben und zum Kochen bringen. Köcheln lassen, bis die Masse eindickt und zähflüssig wird, dabei immer wieder umrühren. Die Masse vom Herd nehmen und Orangeat und Mandeln vorsichtig einrühren. Den Backofen auf 175 °C vorheizen. Die Masse mit einem Teigschaber auf ein mit Backpapier belegtes Blech streichen und 6–10 Min. auf Sicht (!) hell backen. Die Masse sollte nicht zu viel Farbe bekommen, sonst schmecken die Florentiner bitter. Das Blech aus dem Ofen nehmen und 1–2 Min. stehen lassen. Noch warm in Quadrate von ca. 4 x 4 cm Größe schneiden und einzeln auf Backpapier setzen. Die Kuvertüre nach dem Grundrezept temperieren (s. S. 25) und jeweils einen abgekühlten Florentiner auf die Oberfläche der flüssigen Kuvertüre setzen, leicht hineindrücken, mit einer Gabel wieder aufnehmen und abtropfen lassen. Dazu die Gabel mit dem Florentiner ein paar Mal von der Oberfläche der Kuvertüre aus nach oben ziehen, damit die überschüssige Kuvertüre abläuft. Evtl. am Schüsselrand abstreifen. Den Florentiner vorsichtig auf Backpapier setzen und die Kuvertüre vollständig anziehen lassen.

Herzoginnen

6 Eiklar
240 g Zucker
60 g Mehl
1 EL Kakaopulver
220 g gemahlene Mandeln
1 Prise Zimt
60 g zerlassene Butter

Außerdem
ca. 200 g Nougat
ca. 200 g Vollmilch-Kuvertüre

Das Eiklar mit dem Zucker zu einem steifen Schnee schlagen. Mehl und Kakao sieben, mit den Mandeln und Zimt mischen und unter den Eischnee heben. Zuletzt die geschmolzene Butter unterrühren. Den Backofen auf 175 °C vorheizen. Die Masse in einen Spritzbeutel mit Lochtülle füllen und kleine, möglichst gleich große Tupfen auf mit Backpapier belegte Bleche spritzen. Die Mandelplätzchen im vorgeheizten Ofen 4–5 Min. auf Sicht (!) backen. Heiß vom Blech nehmen und abkühlen lassen. In der Zwischenzeit das Nougat leicht anwärmen. Je zwei Plätzchen damit zusammensetzen und etwas andrücken. Die Kuvertüre nach dem Grundrezept temperieren (s. S. 25) und die zusammengesetzten Plätzchen zur Hälfte darin eintauchen, trocknen bzw. die Kuvertüre vollständig anziehen lassen.

Wie alle Plätzchen hebe ich auch die Herzoginnen in einer gut schließenden Blech- oder Plastikdose auf. Eventuell zwischen die einzelnen Schichten Pergamentpapier legen, damit die Plätzchen nicht zusammen kleben. Plätzchen, die erst weich werden sollen, lasse ich so lange liegen, bis sie die gewünschte Konsistenz haben – dann kommen auch sie in die Dose.

Honiglebkuchen (Foto)

Für den Lebkuchenteig
500 g Honig
100 g Zucker
500 g Mehl
350 g Roggenmehl
1 Msp. Salz
25 g Lebkuchengewürz
Abrieb von 1 Zitrone
15 g Hirschhornsalz (in 2 EL kaltem Wasser aufgelöst)
8 g Pottasche (in 1 EL kaltem Wasser aufgelöst)

Für die Glasur
1 Eiklar
150 g Puderzucker

Honig, Zucker und 50 ml Wasser in einem Topf auf 60 °C erhitzen, bis der Zucker aufgelöst ist, abkühlen lassen. Die Honigmasse mit den restlichen Zutaten vermischen und alles zu einem Teig kneten. Den Backofen auf 175 °C vorheizen. Den Teig etwa 5 mm dick ausrollen und daraus nach beliebige Formen, wie z. B. Sterne oder Nikoläuse, ausstechen bzw. ausschneiden. Auf ein mit Backpapier belegtes Blech setzen und im vorgeheizten Ofen etwa 10 Min. backen – die Backzeit variiert je nach Größe zwischen 8–12 Min. Die Lebkuchen abkühlen lassen und nach Belieben mit der Eiweißspritzglasur verzieren. Dazu das Eiklar mit Puderzucker schaumig schlagen und in eine kleine Papiertülle füllen.

Ich mache immer eine Backprobe, um zu sehen, ob der Honiglebkuchenteig fest genug ist. Einfach ein kleines Stück Teig flach drücken, ausstechen und im Ofen backen. Wenn der Teig „aus der Form“ läuft, noch etwas Mehl in den Teig geben.

Diesen Honigkuchenteig können Sie auch für ein Lebkuchenhaus verwenden.

Stollensterne

Für den Hefeteig
250 g Rosinen
50 g sehr fein gehacktes Orangeat
50 g sehr fein gehacktes Zitronat
150 g Mandelsplitter
5 EL Rum
100 g Marzipanrohmasse
3 Eigelbe
300 g Mehl
125 ml lauwarme Milch
40 g frische Hefe
1 EL Zucker
1 Prise Salz
100 g weiche Butter
1 TL Stollengewürz
1 Ausstecher in Sternform, ca. 10 cm Ø

Zum Bestreichen
100 ml Milch
1 Eigelb
100 g Butter
ca. 100 g Zucker

Rosinen, Orangeat, Zitronat und Mandelsplitter mit dem Rum in einer Schüssel mischen, abdecken und ca. 1 Std. ziehen lassen. Das Marzipan mit 1 Eigelb zu einer weichen, klumpenfreien Masse verkneten.
In der Zwischenzeit nach dem Grundrezept aus den restlichen Zutaten einen Hefeteig (s. S. 16) herstellen und die Marzipanmasse mit der Butter zum Teig geben. Den Teig etwa 20 Min. an einem warmen Ort zugedeckt gehen lassen.
Die eingeweichten Früchte unterkneten – falls die Schüssel nicht ausreichend groß ist, den Teig auf eine Arbeitsfläche geben. Zu einem Rechteck von etwa 8–10 mm Dicke ausrollen und daraus Sterne ausstechen. Auf mit Backpapier belegte Bleche setzen.
Den Backofen auf 175 °C vorheizen. Milch mit Eigelb verquirlen und die Stollensterne damit bestreichen. Vor dem Backen nochmals 10–15 Min. gehen lassen, dann im vorgeheizten Ofen 10–15 Min. backen. Währenddessen 100 g Butter aufkochen, dabei den Schaum abschöpfen. Die noch heißen Sterne mit der klaren, flüssigen Butter bestreichen und mit Zucker bestreuen, trocknen lassen.

Aus dem Rezept können Sie auch Stollenschnecken (s. Foto) backen. Dafür noch zusätzlichen eine Marzipanmasse zum Füllen der Schnecken herstellen: 250 g Marzipan mit 1–2 Eiklar streichfähig kneten und den Abrieb von 1/2 Zitrone dazugeben. Den Teig ausrollen, mit der Marzipanmasse bestreichen und einrollen. Kleine Schnecken abschneiden, auf mit Backpapier belegte Backbleche setzen und nochmals 10-15 Min. gehen lassen. Dann backen wie oben beschrieben.

Variante Christstollen

Stollen kann man sehr gut in Klarsichtfolie aufheben oder erst in Butterbrotpapier und dann in Alufolie einwickeln – so hält er sich einige Wochen. Sie können ihn auch einfrieren und bei Bedarf auftauen.

Aus dem Stollenteig lässt sich auch ein großer oder zwei kleine Stollen backen: Den Teig zu einer Kugel kneten und eine Rolle daraus formen. Zu einem Ziegel drücken, waagerecht hinlegen und mit einem dünnen Rollholz in die Höhe rollen – oben und unten sollte dabei ein Teigwulst entstehen. Die Seiten je 2–3 cm nach innen schlagen, andrücken und darüber rollen. Dann den oberen Wulst leicht versetzt auf den unteren Wulst legen. Den Stollen mit Rollholz dem Wulst entlang auf der Oberseite eindrücken und auf einem mit Backpapier ausgelegten Blech 10–15 Min. gehen lassen. Ebenfalls mit Eigelbmilch einstreichen, nochmals 10–15 Min. gehen lassen und dann 30–40 Min. backen. Den noch heißen Stollen wie bei den Stollensternen beschrieben mit Butter bestreichen und mit Zucker bestreuen. Auskühlen lassen.

Lebkuchen mit Amarena-Kirschen

Für den Lebkuchenteig
3 Eier, 250 g Zucker
1 Prise Salz
100 g gehackte Walnüsse
100 g gemahlene Haselnüsse
50 g gemahlene Mandeln
50 g sehr fein gehacktes Zitronat
80 g fein gewürfelte Amarena-Kirschen
1 EL Kakaopulver
2 EL Stärke
2 gestr. TL Lebkuchengewürz
50 g Marzipanrohmasse

Außerdem
Fett fürs Blech
200 g weiße Schokolade
2–3 EL gehackte Pistazien

Die Eier mit Zucker und Salz schaumig schlagen. Walnüsse, Haselnüsse, Mandeln, Zitronat, Amarena-Kirschen, Kakao, Stärke und Lebkuchengewürz vermischen. Das Marzipan in sehr kleine Würfel schneiden oder grob raspeln und zur Nussmischung geben. Die Nussmasse mit einem Teigschaber unter die Eiermasse heben.

Den Backofen auf 160 °C vorheizen. Ein Backblech fetten und mit Backpapier belegen, damit das Papier beim Aufstreichen nicht so leicht verrutscht. Die Lebkuchenmasse auf das Blech geben und glatt streichen. Im vorgeheizten Ofen 15–20 Min. backen, abkühlen lassen.

Die abgekühlte Lebkuchenplatte vom Blech nehmen und in Würfel von ca. 3 x 3 cm Größe schneiden. Die weiße Schokolade nach dem Grundrezept temperieren (s. S. 25) und die Lebkuchenwürfel auf der Oberseite damit bestreichen. Solange die Schokolade noch weich ist, mit gehackten Pistazien bestreuen und trocknen lassen.

ruth

Backen für besondere Anlässe

Brauchtum für besondere Anlässe

Als Gast auf Hochzeiten bin ich auch von Berufswegen immer gespannt auf das Kuchenbuffet. Hier finden sich die unterschiedlichsten Kuchen und Torten, die sich an Aufwand und Dekoration übertreffen. Alle erdenklichen süßen Leckereien stehen hübsch aneinandergereiht auf einer langen weißen Tafel und warten darauf, dass Braut und Bräutigam endlich die Hochzeitstorte anschneiden und das Buffet eröffnen. Und ich weiß auch von wem sie stammen, denn neben der Konditorei kümmert sich vor allem eine Gruppe um die Kuchen – und das sind die Freudinnen der Braut. Das ist ein schöner Brauch für das ohnehin gestresste Brautpaar.

Auf den Geburtstagsfeiern meiner Kindheit standen meist ovale Sandkuchen, die mit Schokoglasur überzogen waren und gespickt mit vielen Mikado-Stäbchen einem Igel ähnelten. Mittlerweile ist der Anspruch der Kleinen etwas gestiegen und sie wünschen sich die ungewöhnlichsten Motive. Buben haben gerne eine Torte in Fahrzeugform. Feen und Elfen haben es den kleinen Mädchen angetan. Mit etwas Fantasie und Freude am Modellieren kann man den Geburtstagskindern fast jeden Wunsch auf die Torte zaubern.

Backen für Ostern

Traditionell lässt man an Ostern im Gottesdienst einen mit Lebensmitteln gefüllten Korb weihen. Osterfladen, Lämmchen, Brot und Schinken, bunte Eier und Salz kommen dazu in einen „Weihkorb" und werden mit zur Ostermesse gebracht. Die Leute stellen alle Weihkörbe vor den Altar, der Pfarrer segnet sie dann und besprengt die Ostergaben mit Weihwasser. Nach einem alten Glauben sollen die gesegneten Speisen das Erste sein, was man am Ostersonntagmorgen verzehrt, um im übrigen Jahr Krankheiten von sich fern zu halten. Damit das Ganze schön aussieht, legt man eine bestickte Decke in den Korb – traditionell ein weißes Tuch, das an die Grablegung Christi erinnern soll und in Rot als Farbe der Liebe und des Bluts bestickt ist. Auf dem Lämmchen findet sich ein Fähnchen, ebenfalls in Rot bestickt. Motive können ein Kreuz, das Osterlamm mit Fahne und Kelch, das Jesus-Monogramm „IHS" oder Blütenornamente sein.

Osterlamm

Für die Sandmasse
250 g Butter + Butter für die Form
250 g Zucker
5 Eier
150 g Mehl + Mehl für die Form
150 g Stärke
1/2 gestr. TL Backpulver
1 Prise Salz
Zitronenabrieb nach Geschmack
4 EL Rum
Puderzucker zum Besieben

Die Osterlammform/en gut einfetten und mit Mehl bestauben. Den Backofen auf 175 °C vorheizen.
Aus den Zutaten nach dem Grundrezept eine Sandmasse (s. S. 22) herstellen. Den Teig vorsichtig in die Form füllen, dabei darauf achten, dass sie nicht zu voll ist, sonst läuft der Teig während des Backens aus. Es reicht, die Form gut zur Hälfte zu füllen.
Das Osterlamm im vorgeheizten Ofen 25–35 Min. backen. Vorsichtig aus der Form lösen und das Lamm auskühlen lassen. Mit Puderzucker besieben.

Das Osterlamm bekommt ein besticktes Fähnchen hinten in den Rücken gesteckt und manchmal auch noch ein kleines Glöckchen an einer schönen Schleife um den Hals gebunden.

Der Teig eignet sich genauso für Osterhasenformen. Die fertigen Osterhasen sehen besonders nett mit einem Schokoüberzug aus.

Osterfladen (Foto S. 189)

Für den Hefeteig
400 g Mehl
20 g Hefe
60 g Zucker
2 Eigelbe
120 ml Milch
90 g weiche Butter
60 g gemahlene geschälte Mandeln
1 Msp. Salz
2 EL Rum
120 g Rosinen

Zum Bestreichen
100 ml Milch
1 Eigelb
Puderzucker zum Besieben

Aus allen Zutaten bis auf die Rosinen nach dem Grundrezept einen Hefeteig (s. S. 16) herstellen. Die gemahlenen Mandeln zum Mehl dazugeben.
Nach dem Gehen (ca. 20 Min.) den Teig auf eine Arbeitsfläche geben und die Rosinen unterkneten. Aus dem Teig einen Laib formen und auf ein mit Backpapier belegtes Blech setzen. Eigelb mit Milch verquirlen und den Fladen damit bestreichen, nochmals etwa 20 Min. gehen lassen.
Den Backofen inzwischen auf 175 °C vorheizen. Den Laib mit einem scharfen Messer rautenförmig einschneiden und im vorgeheizten Ofen 25–35 Min. backen. Nach dem Abkühlen mit Puderzucker besieben.

Backen für eine Hochzeit

Für das Brautpaar ist es ein besonderes und von Herzen kommendes Geschenk, wenn ihnen ein Gast, die Brautmutter oder gute Freundinnen für die Hochzeit einen festlichen Kuchen selbst backen. Sehr beliebt sind in letzter Zeit große Obstherzen, vor allem mit Erdbeeren im Mai, aber sie lassen sich genauso gut mit anderen Früchten belegen, wie z. B. Äpfeln, Bananen, Kiwi, Mango, Birnen sowie allen Beeren und auch Exoten. Daneben gibt es noch genügend Fans einer klassischen mehrstöckigen Torte – hier ein Rezept für eine zweistöckige Torte, die sich gut zu Hause herstellen lässt.

Bei der Dekoration habe ich viele Ideen zum Selbermachen angegeben – von kandierten Blüten und Beeren über Marzipanblüten bis zu Schokodekor. Sie können sie je nach Geschmack und Farbwünschen selbst variieren. Das Tortenanschneiden ist übrigens nach wie vor ein wichtiger Programmpunkt bei der Hochzeit und bietet Spielraum für alle möglichen Interpretationen. So lässt sich angeblich aus der Position der Hände des Paares ableiten, wer später in der Ehe einmal die „Oberhand" besitzen wird.

Großes Erdbeerherz

Für je 1 Biskuit (doppelt nehmen)

10 Eier
280 g Zucker
150 g Mehl + Mehl für das Blech
150 g Stärke
1 Prise Salz
Fett fürs Blech

Zum Bestreichen

1 Päck. Vanille-Puddingpulver
500 ml Milch
1 EL Zucker
1 Glas Johannisbeer- oder Himbeerkonfitüre (ca. 200 g)

Für den Belag

ca. 250 g gehobelte Mandeln
ca. 4 Schalen Erdbeeren (je 500 g)
4 Päck. klarer Tortenguss
4 EL Zucker
500 ml Apfelsaft

Aus den Zutaten nach dem Grundrezept nacheinander (!) zwei Biskuitböden (s. S. 23) herstellen, allerdings nicht in einer Springform, sondern in einer gefetteten, gestaubten Fettpfanne mit Backrahmen. Den Biskuit jeweils 30–40 Min. im vorgeheizten Ofen bei 170 °C backen. Etwas auskühlen lassen und aus dem Rahmen schneiden.

In der Zwischenzeit nach Packungsanweisung aus Puddingpulver, Milch und Zucker einen Pudding zubereiten und etwas auskühlen lassen, dabei ab und zu umrühren. Die Mandelblättchen in der Nachwärme des Ofens leicht rösten.

Aus einem entsprechend großen Bogen Papier eine Herzschablone herstellen. Dafür das Papier in der Mitte zusammenfalten und ein halbes Herz aufzeichnen, das Papier zusammengefaltet ausschneiden und das Herz aufklappen. Es darf gerne etwas größer als die Bleche sein, da man mit den Resten vom Ausschneiden noch eine schöne Herzspitze gestalten kann.

Die zwei Tortenböden nebeneinander auf eine ausreichend große Platte legen, die Schablone auflegen und das Herz ausschneiden, mit den Biskuitresten die Spitze des Herzes zuschneiden und zusammensetzen. Die Konfitüre durch ein Sieb streichen und den Biskuit damit bestreichen. Die Schnittstellen evtl. mit wenig Konfitüre „verkleben". Den Pudding darauf geben und ebenfalls verstreichen. Eine kleine Menge Pudding für den Kuchenrand zurückbehalten.

Die Erdbeeren verlesen, waschen und trocken tupfen. Die Stiele entfernen und die Erdbeeren halbieren. Zunächst einen Erdbeerrand um das Herz legen, die Spitzen der Erdbeeren zeigen dabei nach innen. Ab der zweiten Reihe die Erdbeerspitzen nach außen zeigen lassen. Das Biskuitherz dicht belegen und darauf achten, dass nicht zu große Lücken entstehen.

Nach Packungsanweisung aus Zucker, Apfelsaft und 500 ml Wasser den Tortenguss zubereiten und etwas abkühlen lassen. Er sollte nicht mehr heiß sein, dann zieht er schneller an und verläuft nicht so leicht. Den Guss zügig mit einem Pinsel zuerst außen am Rand auftragen und etwas anziehen lassen, dann die Mitte und den Rest des Kuchens mit Guss überziehen. Läuft viel Guss weg, lieber noch warten und den Guss etwas anziehen lassen.

Wenn der Belag vollständig ausgekühlt ist, den Rand des Kuchens mit dem restlichen Pudding einstreichen und mit den gerösteten Mandeln bestreuen.

Wer sich nicht traut, den Kuchen ohne Rahmen zu gelieren, kann einfach einen Herzrahmen selbst bauen. Dafür einen stabilen Karton in Streifen schneiden (etwa so hoch wie das fertige Herz), Schnittstellen mit Klebeband zusammenkleben, dafür den Biskuit als Schablone verwenden. Die Schablone mit Alufolie umwickeln und um den Tortenboden stellen.
Wer mag, kann Schilder mit den Namen des Brautpaares auf den Kuchen legen. Ca. 200 g Marzipanrohmasse mit 50 g Puderzucker anwirken und dünn ausrollen. Mit einem scharfen Messer und einem Lineal zwei Schilder ausschneiden.
100 g Kuvertüre temperieren (s. S. 25). Aus Backpapier ein kleines Tütchen drehen oder die Kuvertüre in eine Plastiktüte gießen und ganz wenig an der Ecke abschneiden. Papiertütchen oder Plastiktüte immer auf Spannung halten und vorsichtig Buchstaben auf die Marzipanschilder aufspritzen und trocknen lassen. Aus dem restlichen Marzipan eine dünne Rolle formen, in zwei Stücke schneiden und ineinander verschlungene Ringe herstellen –Namensschilder und Trauringe in die Mitte des Erdbeerherzes setzen.

Zweistöckige Hochzeitstorte

Für die untere Torte (Nougatcremetorte)
1 Biskuit (s. S. 23), 28 cm Ø
1 Schokoladenbiskuit (s. S. 23), 28 cm Ø
100 g dunkles Nougat
2 x Rezept Buttercreme (s. S. 24)
3 EL Rum
1 Mürbteigboden (s. S. 36)

Zum Tränken
4 EL Läuterzucker
3 EL Rum

Für die obere Torte (Bayrisch-Creme-Torte)
2 Biskuits (s. S. 23), ca. 1–1,5 cm hoch und 20 cm Ø

Für die Creme
5 Blatt Gelatine
2 Eigelbe
1 Prise Salz
250 ml Milch
50 g Zucker
1/2 Vanilleschote
280 g Sahne
1 EL Rum

Für den Marzipandeckel
150 g Marzipanrohmasse
2 EL Puderzucker

Zur Verzierung
300 g Marzipanrohmasse
100 g Puderzucker
125 g Johannisbeeren
1 Eiklar
4–5 EL Zucker
3–4 Rosen oder andere Blumen
125 g Beeren nach Geschmack, z. B. Heidelbeeren, Himbeeren, Brombeeren oder Physalis

Für die untere Torte die ausgekühlten Tortenböden jeweils einmal waagerecht durchschneiden und nebeneinander legen. Mit einem kleineren Ring (ca. 20–24 cm Ø) aus jedem der vier Böden in der Mitte einen kleineren Boden ausstechen. Nun jeweils helle und dunkle Mittelkreise vertauschen, sodass vier zweifarbige Böden entstehen. (Wer noch einen kleineren Ring von ca. 10–12 cm Ø hat, kann die eingelegten Kreise nochmals ausstechen und vertauschen – so entsteht später in der Torte ein schönes Schachbrett-Muster.)

Das Nougat im Wasserbad leicht erwärmen, glatt rühren und in eine größere Schüssel füllen. Etwa 600 g Buttercreme abwiegen, erst einige Löffel Creme unter das Nougat rühren, dann den Rest dazugeben und zusammen mit dem Rum unterrühren. Zum Tränken Läuterzucker mit 100 ml Wasser und dem Rum mischen.

Den Mürbteigboden auf eine Platte stellen, einen Tortenring außen herum legen. Etwa 3 EL Nougatbuttercreme auf den Mürbteigboden geben und verstreichen. Den ersten zweifarbigen Boden einlegen und etwas Tränke mit einem Pinsel gleichmäßig darauf verteilen. Gut ein Viertel der Nougatcreme auf dem Boden verstreichen, den zweiten Boden auflegen, ebenfalls tränken und ein weiteres Viertel der Creme darauf verstreichen. Mit dem dritten Boden ebenso verfahren, mit dem vierten Boden abschließen und die Torte ca. 1 Std. kühl stellen. Danach die Torte aus dem Ring schneiden und mit dem letzten Viertel der Nougatcreme rundherum dünn einstreichen.

Aus den Zutaten nach dem Rezept eine Bayrisch-Creme-Torte (s. S. 90) herstellen, allerdings nicht mit Sahne einstreichen und nicht mit Mandelblättchen verzieren. Nach dem Kühlen aus dem Ring schneiden. Etwas von der übrigen Buttercreme wegnehmen und glatt rühren, evtl. im Wasserbad etwas erwärmen, so wird sie schön glatt und lässt sich besser verstreichen. Die Torte damit rundherum dünn einstreichen. Etwa 10 Min. kühl stellen und nochmals dünn mit der Creme einstreichen, wieder kühl stellen.
In der Zwischenzeit das Marzipan mit dem Puderzucker anwirken und dünn ausrollen. Mit dem Tortenring einen Deckel von 20 cm Durchmesser ausstechen, vorsichtig auf die Tortenoberfläche legen und leicht andrücken. Die Torte wieder kühl stellen.

Sehr gut eignen sich zum Dekorieren der Torte auch Holunderblüten, Gänseblümchen, Kornblumen, Ringelblumen oder Kapuzinerkresse. Diese Blumen sind essbar und wachsen oft im eigenen Garten. Mit Rosen aus dem Blumenhandel sollte man vorsichtig sein, da sie meist gespritzt sind.

Wie die Johannisbeeren können Sie auch die Blüten mit Eiweiß vorsichtig bepinseln und mit Zucker bestreuen. Bei sehr zarten und feinen Blumen ist das oft etwas schwierig, sodass ich sie dann lieber natura lasse.

Für Marzipanliebhaber die ganze Torte überziehen, d. h. jede Torte einzeln mit Marzipan eindecken und dann erst aufeinanderstellen. Den unteren Rand der Torte mit einem schönen Band umwickeln und zur Schleife binden. Genauso gut kann die Schleife aus eingefärbtem Marzipan oder eine gewellte Marzipanbordüre (s. S. 198) sein.

Inzwischen für den Dekor das Marzipan mit Puderzucker anwirken. Dünn ausrollen und riefen – wer kein Riefholz hat: Es geht auch ohne. Mit einem Blütenausstecher (ca. 4 cm Ø) etwa 20 Blüten ausstechen. Jede Blüte in den Handteller legen und mit dem Finger eine Vertiefung in die Mitte drücken. Zum Trocknen in umgedrehte Tüllen oder Ausstecher legen, damit die Rundung erhalten bleibt. Die Johannisbeerrispen mit Eiweiß dünn einpinseln und mit Zucker bestreuen.

Zum Zusammensetzen die Nougatcremetorte dünn mit der hellen Buttercreme einstreichen. Auf eine geeignete Platte setzen und die Bayrisch-Creme-Torte vorsichtig mit einem langen Messer darauf setzen. Darauf achten, dass die Torte gleichmäßig in der Mitte sitzt. Noch mal Buttercreme in einen Spritzbeutel mit kleiner Lochtülle füllen und am unteren Rand der beiden Torten kleine Tupfen aufspritzen. In regelmäßigen Abständen oben am Rand auf der Nougattorte (quasi auf der Stufe) Tupfen aufspritzen und die Marzipanblüten etwas schräg daraufsetzen, die Blüte immer dem Betrachter zugewandt. Zwischen den Blüten die gezuckerten Johannisbeerrispen anbringen. Sie sollten über den Rand etwas nach unten hängen. Frische Blumen oder Rosen unter der Blüte abschneiden und auf der obersten Torte dekorativ auflegen. Einige Marzipanblüten dazwischen setzen und die Torte mit Beeren und Schokoherzen fertig ausgarnieren.

Die zwei Torten für die Hochzeitstorte kann man sehr gut am Tag vorher herstellen, im Ring kühl stellen und am nächsten Tag fertig einstreichen und dekorieren.

Die Marziapandeko können Sie schon 2–3 Tage vorher vorbereiten. Wer mag, spritzt in die Marzipanblüten noch einen Tupfen Buttercreme und setzt darauf ein Marzipankügelchen mit Lebensmittelfarbe eingefärbt, einen Konfitüretupfen oder Zuckerperlen – der Fantasie sind keine Grenzen gesetzt

Für Schokodekor: Kuvertüre oder weiße Schokolade temperieren (s. S. 25). Aus Backpapier ein Tütchen drehen, Kuvertüre oder Schokolade einfüllen, untere Spitze ein wenig abschneiden und großflächig auf Backpapier fillieren, d.h. mit dem dünnem Schokoladenfaden ein Geflecht aufspritzen. Es sollte möglichst wenige Lücken aufweisen, sodass man daraus mit einem Ausstecher, kurz bevor die Kuvertüre vollständig ausgekühlt ist, Herzen (s. Foto S. 198) oder Blüten ausstechen kann. Dieser Dekor eignet sich gut auch für andere Torten und als Stückdekor.

Lebkuchenherzen für die Gäste

1 Rezept Honigkuchenteig (s. S. 180)
2 Eiklar
ca. 250 g Puderzucker
1–2 m Geschenk- oder Stoffband

Aus kleineren Lebkuchenherzen können Sie für die Gäste Namensschilder basteln und auf die Teller legen.

Nach dem Rezept einen Honigkuchenteig herstellen. Den Backofen auf 175 °C vorheizen.
Den Teig ca. 5 mm dick ausrollen und Herzen von ca. 8–10 cm Durchmesser ausstechen. Auf mit Backpapier belegte Bleche setzen und mit einem Stäbchen oder einer sehr kleinen Tülle oben in der Mitte ein Loch einstechen, durch das man später das Band hindurchziehen kann. Die Herzen im vorgeheizten Ofen 8–12 Min. backen, je nach Größe der ausgestochenen Herzen, auskühlen lassen.
Aus Eiklar und Puderzucker eine zähe Eiweißspritzglasur herstellen. Falls die Glasur zu flüssig ist, noch etwas Puderzucker einrühren. Aus Backpapier ein Tütchen drehen, die Glasur einfüllen und die Spitze abschneiden. Die Herzen z. B. mit den Namen des Brautpaares beschriften. Auf jedes Herz mit einem runden Ausstecher zwei ineinander verschlungene Ringe aufdrücken und mit der Glasur nachspritzen. Trocknen lassen und ein hübsches Band durch das Loch ziehen.

Die Lebkuchenherzen sind ein sehr nettes Geschenk vom Brautpaar an die Gäste und können zum Abschied übergeben werden. Je nach Größe der Herzen kann man die Herzen auch mit einer Sterntülle im Spritzbeutel beschriften – das sieht auch sehr nett aus.

Schokolutscher für die Gäste

ca. 500 g Kuvertüre
Schaschlikspieße aus Holz oder Bambus
Nonpareilles-Perlen

Das Foto zeigt die zweistöckige Hochzeitstorte der vorangegangenen Seite.

Kuvertüre nach dem Grundrezept (s. S. 25) temperieren. Ein großes Stück Backpapier auf eine ebene Fläche legen und beschweren, damit es nicht verrutschen kann. Aus Backpapier eine Tüte drehen, die temperierte Kuvertüre einfüllen und die Spitze abschneiden. Mit dem Schokoladenfaden Herzen oder andere beliebige Formen auf das Backpapier spritzen, dann die Spitze des Tütchens noch mal etwas breiter abschneiden und die vorgespritzten Formen vollständig mit Schokolade ausfüllen. Die Schokolade darf nicht zu dünn sein, sonst bricht sie später schnell. Die Kuvertüre immer wieder ein wenig anwärmen und ab und zu umrühren.
Kurz bevor die Kuvertüre stockt, ein Spießchen in die Spitze unten hineindrücken und das Schokoherz nach Belieben mit Nonpareilles bestreuen. Die Lutscher vollständig fest werden lassen und erst dann vom Backpapier lösen.

Backen für Kindergeburtstage

Wenn meine Kinder Geburtstag haben, dürfen Sie sich einen Lieblingskuchen wünschen. Hier stelle ich Ihnen für die Mädchen eine Prinzessinnentorte und für die Buben einen Traktorkuchen vor. Analog zum Traktor können Sie aus der Marmorkuchenplatte auch andere Formen, wie Schiffe (für Piraten) oder Autos, ausschneiden.

Noch eine nette Idee für die Feier: Am Kindergeburtstag dürfen die Kinder ihre eigenen Schokolutscher (s. S. 199) machen und selbst verzieren! Eine Riesen-Gaudi für die Kinder, aber für die Mama oft eine Nervenprobe.

1 klassischer Erdbeer- oder Himbeerkuchen (s. S. 42)

Für die Glasur
1 Eiklar
ca. 100 g Puderzucker

Für die Marzipanfigur
ca. 400 g Marzipanrohmasse
150 g Puderzucker + Puderzucker zum Ausrollen
3 runde Ausstecher, mit ca. 1–1,5 cm, 2–3 cm und 5 cm Ø
Lebensmittelfarbe

Nach Lust und Laune der Prinzessin einige Luftballons in die Hand geben. Dafür dünne Marzipanschlangen für die Bänder rollen und bunte, flachgedrückte Kugeln als Ballon darüberlegen.

Prinzessinnentorte für Mädchen (Foto S. 200/201)

Einen Erdbeer- oder Himbeerkuchen backen.
Für die Eiweißspritzglasur Eiklar und Puderzucker mit einem Schneebesen glatt rühren – ist sie noch zu flüssig, noch etwas Puderzucker unterrühren.
Das Marzipan mit 150 g Puderzucker anwirken. Mit dem Rollholz etwa die Hälfte des Marzipanteigs ca. 8 mm dick ausrollen. Für den Kopf einen großen Kreis ausstechen, leicht oval formen und die Ränder mit den Finger abrunden. Mit dem kleinsten Ausstecher zwei Halbmonde für die Augen in das Gesicht eindrücken, mit dem größeren Ausstecher einen Halbmond für den Mund eindrücken.
Für den Körper mit einem Messer eine Form ähnlich einer Sanduhr, nur etwas schmaler, ausschneiden – das obere Dreieck für den Oberkörper, das untere für den Rock. Mit den Fingern Schultern formen und abrunden. Etwas Marzipan zu einer Rolle formen, vier Teile abschneiden, an den Schultern als Arme und am unteren Dreieck als Beine anbringen. Die Enden zu Händen und Beinen formen.
Etwas Marzipan mit Lebensmittelfarbe einfärben und mit wenig Puderzucker dünn ausrollen. Oberteil und Rock ausschneiden, an den Dreiecken etwas in Form bringen, den Rock evtl. in Falten legen und vorsichtig andrücken. Eine dünne Rolle als Gürtel anbringen.
Marzipankügelchen oder kleine, ausgestochene Blüten aus buntem Marzipan an der Kleidung mit Eiweißspritzglasur festkleben. Aus Backpapier ein Tütchen drehen, Eiweißglasur einfüllen, die Spitze abschneiden und das Kleidchen der Prinzessin mit Pünktchen verzieren. Trocknen lassen.
In der Zwischenzeit etwas Marzipan für die Haare gelb einfärben und durch ein Sieb drücken. Die so entstandenen Haare am Kopf ankleben. Den Körper der Prinzessin auf den Erdbeerkuchen legen und den Kopf auf die Schultern setzen, evtl. mit den Fingern eine leichte Rundung formen. Mit etwas roter Lebensmittelfarbe rote Bäckchen malen bzw. mit einem Pinsel auftupfen, ein Kügelchen rollen und als Nase ankleben.

2 x Rezept Marmorsandmasse
(s. Donauwelle S. 62)
ohne Kirschen

Für die Verzierung:
ca. 300 g Marzipanrohmasse
ca. 100 g Puderzucker
1 Glas Aprikosenkonfitüre
(ca. 200 g)
1/2 Rezept Canache
(s. Donauwelle S. 62)
Lebensmittelfarben

Traktorkuchen für Buben

In einer gefetteten Fettpfanne mit Backrahmen die Sandmasse zu einem Marmorkuchen backen, abkühlen lassen.
Marzipan mit Puderzucker anwirken und in einen Plastikbeutel geben, damit es nicht austrocknet. Den abgekühlten Marmorkuchen auf eine Platte legen und grob zuschneiden, die Oberfläche sollte ebenfalls glatt sein, anfallende Reste aufheben. Eine Schablone herstellen, auflegen und den Traktor schön in Form schneiden.
Die Aprikosenkonfitüre mit 3 EL Wasser aufkochen und den Traktor damit rundherum aprikotieren. Das angewirkte Marzipan sehr dünn ausrollen, den Kuchen damit überziehen und die überstehenden Reste mit einem scharfen Messer vorsichtig abschneiden.
Mit einem Ring oder einem Gefäß mit passendem Durchmesser die Reifen des Traktors vorsichtig eindrücken. Aus Backpapier ein Tütchen drehen und mit der leicht erwärmten Canache füllen. Die Spitze abschneiden und mit dünnem Schokoladenfaden die Kabinentür und -fenster aufmalen. Lebensmittelfarbe evtl. mit etwas Wasser verdünnen und den Schlepper damit bemalen, Fenster und Tür freilassen. Die Felgen der Reifen ebenfalls bemalen.
Zuletzt die Reifen mit Canache und einem etwas größeren Borstenpinsel bestreichen, so ergibt sich etwas Profil. Für mehr Profil die Canache etwas anziehen lassen und noch mal darüber pinseln.
Mit dem Tütchen den Traktor verzieren, z. B. sichtbare Schrauben an den Reifen, Kühlergrill oder Markenname aufmalen.

Wie stellt man ein Kuchenbuffet zusammen?

Von meiner Kundschaft werde ich oft gefragt: „Was macht man denn da so, Frau Pilch?“ Es geht um Geburtstage, Hochzeiten, Sommerfeste oder Kindergartenpartys. Wie viele Kuchen und welche Sorte Kuchen – das hängt von mehreren Faktoren ab: Im Sommer machen wir meist etwas weniger, da kann man nicht so viel essen. Auch ändert sich im Sommer die Zusammenstellung. Die Leute mögen dann meist Obst in allen Variationen, Torten mit Joghurt und Blechkuchen, aber auf keinen Fall Cremiges oder üppige Torten. An kühlen, nasskalten Tagen ist der Süßappetit dagegen größer und freuen sich viele auf ein schönes Stück Schokoladentorte zum Haferl Kaffee …

Mit welchen Mengen rechnet man?

Wir nehmen als Beispiel ein Geburtstagsfest im Garten mit 40 Personen, das am Nachmittag mit Kaffee und Kuchen beginnt und dem ein Abendessen folgt. In der Regel rechnet man pro Person ein Stück Kuchen, für einige auch zwei. In diesem Fall kann man davon ausgehen, dass man mit einem Stück auskommt, da ja noch abends gegessen wird.

Der Kundschaft ist es manchmal allerdings lieber, es bleibt etwas übrig und man kann die Kuchenreste nach dem Essen noch mal ans Dessert-Buffet stellen. Rechnen Sie also etwa 40 Stück Kuchen und, wenn für das Buffet noch etwas übrig bleiben soll, etwa 60 Stück.

Ab und zu kommt es auch vor, dass wir nur ungefähr wissen, wie viele Personen zur Veranstaltung kommen. In diesem Fall backe ich gerne noch einen großen Hefezopf mit Rosinen oder Nüssen, den die Gäste gut mit nach Hause nehmen und einfrieren können, falls etwas übrig bleibt.

Was passt an warmen Tagen?

Damit Sie eine schöne Kuchenauswahl anbieten können, sollte von jeder Sorte etwas dabei sein:

- etwas Sahniges: 1 x Joghurtschnitten mit Beeren (ca. 16 Stück)
- etwas Gebackenes mit Obst: 1x Schmandkuchen mit Birnen (ca. 10–12 Stück)
- ein klassischer Obstkuchen: 1 x Erdbeerkuchen (ca. 12 Stück)
- etwas Trockenes: 1 x Butterkuchen (ca. 12–14 Stück)
- etwas für Kinder: 1 Rezept Apfeltaschen (ca. 12 Stück)

Diese Auswahl ergibt je nach Größe der geschnittenen Kuchenstücke ca. 60 Stück.

Ebenso eignen sich für solche Anlässe Blechkuchen oder Schnitten, man kann sie in sehr kleine Stücke schneiden. Die Gäste können auf diese Weise von zwei oder drei verschiedenen Kuchen probieren. Kleingebäck finde ich vor allem für Kinder praktisch, die lieber nur im „Vorbeilaufen" ein Häppchen mitnehmen. Sind unter den Gästen viele ältere Herrschaften, würde ich zumindest einen Tortenklassiker (z. B. Schwarzwälder Kirschtorte oder Eierlikörtorte) in die Kuchenliste aufnehmen – sie sind in der älteren Generation sehr beliebt.

Was passt an kühlen Tagen?

Bei kühleren Temperaturen darf gerne auch eine üppigere Torte dabei sein, und dazu ein Bienenstich mit feiner Buttercreme gefüllt oder eine Donauwelle. Der Obstkuchen wird zu einem Apfelkuchen oder Kirschstreusel, ein Käsekuchen mit Mohn darf auch nicht fehlen.

Hier ein Beispiel für ein Kuchenbuffet, wie wir es öfter für Seniorennachmittage mit ca. 40–45 Personen vorbereiten:

- 1 Schoko-Himbeer-Roulade (ca. 10 Stück)
- 1 Bienenstich (ca. 16 Stück)
- 1 Kirschkuchen mit Streuselteig (ca. 16 Stück)
- 1 Käsekuchen mit Mohn (ca. 12 Stück)
- 1 Apfel-Rahm-Kuchen (ca. 10–12 Stück)
- 1 Pfälzer Rotweinkuchen (ca. 10–12 Stück)
- 1 „Himmlische" (ca. 16 Stück)

Für den Seniorennachmittag habe ich pro Person zwei Stück Kuchen gerechnet, also insgesamt etwa 80–90 Stück.

Was passt für ein Kinderfest?

Für den typischen Kindergeburtstag ist es einfach, eine Kuchenliste zu machen. Die meisten Kinder freuen sich über einen Sandkuchen, der mit Schokoladenglasur oder Canache überzogen ist, und nicht zu knapp mit bunten Schokolinsen oder Gummibärchen verziert ist. Etwas aufwendiger, aber sehr süß, z. B. ein Erdbeer-Ricotta-Kuchen. Allerdings die Creme nicht mit den Erdbeeren belegen, sondern die Erdbeeren aufstellen und mit geschmolzener Schokolade oder Eiweißglasur Augen und einen Mund aufspritzen. Dieser Kuchen schmeckt den Müttern meist auch besser als der Sandkuchen mit Gummibärchen.

Von den Mengen her ist es vollkommen ausreichend, ein kleines Stück Kuchen pro Kind zu rechnen. Es ist viel spannender, die Kerzen auszublasen und das nächste Spiel in Angriff zu nehmen, als am Tisch zu sitzen und Kuchen zu essen. Vom Hunger geplagt sind die kleinen Gäste auch nicht, da es an einem solchen Festtag an Süßigkeiten nie mangelt.

Danksagung

Ganz besonders bedanken möchte ich mich bei meiner Schwester Regina (Foto links). Sie hat meine meist chaotischen Stoffsammlungen als „nette G'schichterl" aufs Papier gebracht und hatte immer ein offenes Ohr, wenn mir wieder mal das passende Wort fehlte. Außerdem stand sie mir mit der Kamera oft zur Seite. Vielen Dank auch an meine Mitarbeiterin Maria, die in der Backstube Überstunden machte, damit ich am Buch arbeiten konnte. Nicht zu vergessen ein Dankeschön an Kathrin, die durch nichts aus der Ruhe zu bringen war und für alles die passende Lösung parat hatte. Und zu guter Letzt: Christian, danke Dir für Deine liebe Unterstützung.

Maria Pilch, Baierlach im Juli 2011

Register

Grundrezepte

Rezepte

Bildnachweis

Cover: alle Paxmann
4 Paxmann (oben, Mitte), Pilch (unten); 5 Paxmann (oben, Mitte), Pilch (unten); 7 Paxmann (oben links, unten rechts), Pilch (oben rechts, unten links); 8 Paxmann (beide oben), Pilch (unten links), Stockfood (unten rechts); 7 Stockfood (oben links, Paxmann alle übrigen; 10 Stockfood; 13 Paxmann; 15 Paxmann; 17 Stockfood; 18 Stockfood; 19 Stockfood; 20 Stockfood; 21 Stockfood; 23 Paxmann; 25 Pilch; 26 Paxmann; 29 Paxmann; 31 Stockfood; 33 Stockfood; 35 Stockfood; 37 Stockfodd; 39 Paxmann; 41 Paxmann; 43 Paxmann; 45 Pilch; 46 Paxmann; 49 Stockfood; 50 Paxmann; 53 Paxmann; 54 Pilch; 57 Paxmann; 58 Paxmann; 61 Pilch; 63 Pilch; 65 Paxmann; 66 Paxmann; 69 stockfood; 71 Paxmann; 73 Stockfood; 74 Paxmann; 76 Paxmann alle; 77 Pilch (oben links), Paxmann (oben rechts), Pilch (unten rechts), Paxmann (unten links); 79 Paxmann; 83 Paxmann; 87 Paxmann; 89 Paxmann; 90 Paxmann; 93 Stockfood; 94 Paxmann; 96 Pilch; 99 stickfood; 101 Pilch; 104 Paxmann; 107 Stockfood; 109 Paxmann; 111 Pilch; 113 Stockfood; 114 Pilch; 117 Stockfood; 118 Stockfood (oben links), Pilch (Oben rechts), Stockfood (beide unten); 119 Pilch (oben links), Stockfood (oben rechts), Stockfood (unten rechts, istock (unten links); 121 Stockfood; 123 Stockfood; 125 Stockfood; 129 Stockfood; 131 Stockfood; 132 Pilch; 135 Stockfood; 137 Paxmann; 139 Paxmann; 141 Pilch; 142 Paxmann; 145 Stockfood; 147 Paxmann; 149 Paxmann; 150 Paxmann; 152 Stockfood; 155 Stockfood; 157 Stockfood; 159 Stockfood; 161 Stockfood; 162 Stockfood; 163 Pilch; 165 Stockfood; 167 Pilch; 168 Pilch; 171 Paxmann; 171 Stockfood; 173 Paxmann; 175 Paxmann; 177 Paxmann; 178 Paxmann; 179 Stockfood; 181 Paxmann; 182 Pxmann; 184 Pilch; 187 Pilch; 189 Paxmann; 191 Paxmann; 193 Pilch; 195 Pilch; 198 Pilch; 200 Pilch; 202 Paxmann; 203 Paxmann; 204 Paxmann alle; 205 Paxmann (oben, Mitte), Pilch (unten); 206 Pilch.

ISBN 978-3-86362-000-4

Redaktion: Kathrin Gritschneder
Projektbetreuung: Regina Danner
Gestaltung, Bildredaktion und Satz: Christine Paxmann text • konzept • grafik, München

Alle Rezepte dieses Buches wurden mit Sorgfalt zusammengestellt und überprüft.
Eine Garantie kann jedoch nicht übernommen werden.

3. Auflage 2013

Printed in Italy 2013

Verlagswebsite: www.d-hverlag.de
Themenwebsite: www.aus-liebe-zum-landleben.de

FSC
www.fsc.org
MIX
Papier aus verantwortungsvollen Quellen
FSC® C015829